KB093818

헌법 필사노트

헌법 필사노트 _ 법치의 근간을 반추하며

초판 1쇄 발행 2024년 6월 30일
펴 낸 곳 투나미스
지 은 이 헌법개정위원회
엮 은 이 편집부
발 행 인 유지훈
프로듀서 류효재 변지원
기   획 이연승 최지은
마 케 팅 전희정 배윤주 고은경
출판등록 2016년 06월 20일
출판신고 제2016-000059호
주   소 수원시 권선구 서호동로14번길 17-11
전화/팩스 031-244-8480 (겸용)
이 메 일 ouilove2@hanmail.net
홈페이지 http://www.tunamis.co.kr
I S B N 979-11-90847-94-0 (03360) (종이책)
I S B N 979-11-90847-95-7 (05360) (전자책)

* 이 책은 저작권법에 따라 보호 받는 저작물이므로 무단 전재와 복제를 금하며, 내용의 전부 혹은 일부를 이용
  하려면 반드시 저작권자와 투나미스의 서면 동의를 받아야 합니다.

* 잘못된 책은 구입처에서 바꿔 드립니다.

* 책값은 뒤표지에 있습니다.

헌법 필사노트

법치의 근간을 반추하며

투나미스

/CONTENTS

전문

000 헌법 정신

유구한 역사와 전통에 빛나는 우리 대한국민은 3·1운동으로 건립된 대한민국임시정부의 법통과 불의에 항거한 4·19 민주이념을 계승하고, 조국의 민주개혁과 평화적 통일의 사명에 입각하여 정의·인도와 동포애로써 민족의 단결을 공고히 하고, 모든 사회적 폐습과 불의를 타파하며, 자율과 조화를 바탕으로 자유민주적 기본질서를 더욱 확고히 하여 정치·경제·사회·문화의 모든 영역에 있어서 각인의 기회를 균등히 하고, 능력을 최고도로 발휘하게 하며, 자유와 권리에 따르는 책임과 의무를 완수하게 하여, 안으로는 국민생활의 균등한 향상을 기하고 밖으로는 항구적인 세계평화와 인류공영에 이바지함으로써 우리들과 우리들의 자손의 안전과 자유와 행복을 영원히 확보할 것을 다짐하면서 1948년 7월 12일에 제정되고 8차에 걸쳐 개정된 헌법을 이제 국회의 의결을 거쳐 국민투표에 의하여 개정한다.

1987년 10월 29일

대한민국 헌법의 서두에 해당하며 국가의 기본적인 이념과 정신, 역사적 경험을 반영한 선언이다. 헌법 전문은 대한민국의 국가 정체성, 민주주의, 법치주의, 인권 존중 등의 기본적 가치와 원칙을 담고 있다. 이를테면 국가의 근본적인 목표와 국민의 기본적인 태도를 제시하며, 헌법 본문의 내용을 이해하고 해석하는 데 중요한 기준을 제공한다. 전문은 1948년 제정된 이후 여러 차례 개정되었지만, 그 핵심적인 내용은 유지되어 왔다. 전문에는 대한민국의 주권이 국민에게 있고 모든 권력이 국민으로부터 나온다는 원칙과 아울러 대한민국이 추구하는 자유민주적 기본질서에 대한 언급이 포함되어 있다.

Rewriting

01장

총강

001

국호 및 주권

① 대한민국은 민주공화국이다.

② 대한민국의 주권은 국민에게 있고, 모든 권력은 국민으로부터 나온다.

"민주공화국"에서 "민주"는 국민이 국가의 주인이 되어 국정에 참여하고 결정권을 가진다는 뜻이다. 즉, 우리나라에서는 대통령이나 국회의원 같은 지도자들을 우리가 직접 뽑아서 우리의 의견을 대표하게 한다는 뜻이다. 그리고 공화국의 핵심적인 특징은 국가의 최고 지도자가 선거를 통해 국민에 의해 선출되며, 그 지도자의 권력은 법률에 의해 제한된다는 것이다. 이는 국가 권력이 한 사람이나 한 가문에 의해 상속되는 왕정이나 제국과 대비된다. 공화국은 국민의 권리와 자유를 중시하고, 권력 분산을 통해 한 사람이나 소수의 집단이 전체적인 권력을 독점하는 것을 방지한다. 또한, 법의 지배를 기반으로 하여 모든 국민과 지도자가 법 앞에 평등하다는 원칙을 강조한다.

002

제2조

국민의 요건과 재외국민

① 대한민국의 국민이 되는 요건은 법률로 정한다.

② 국가는 법률이 정하는 바에 의하여 재외국민을 보호할 의무를 진다.

'누가 대한민국의 국민이 될 수 있는가'에 대한 규칙이 법으로 정해져 있다는 것을 말한다. 즉, 우리나라에서 국민이 되려면 특정한 조건을 충족해야 하는데, 그 조건들은 우리나라 법에 쓰여 있다는 것이다. 이를테면, 부모가 대한민국 국민이라면 자녀도 대한민국 국민이 될 수 있고 다른 나라에서 왔더라도 특정한 절차를 밟아 대한민국 국민이 될 수도 있다. 그리고 재외국민이란 해외에 살고 있는 대한민국 국민을 말한다. 유학이나 여행, 해외 근무 등으로 다른 나라에 있는 경우에도 정부는 그들이 안전하게 지낼 수 있도록 도와주어야 한다는 의미이다. 이 보호 의무에는 여권 발급, 긴급 상황 시 도움 제공 등이 포함될 수 있다.

Rewriting

001

003 제3조 영토

대한민국의 영토는 한반도와 그 부속도서로 한다.

대한민국이라는 나라가 어디에 있는지, 그리고 어디까지가 우리나라 땅인지를 말
해주는 규정이라고 볼 수 있다. 여기서 한반도는 남한과 북한을 포함하는 지역 전
체를 의미하고 '그 부속도서'는 한반도 주변에 있는 작은 섬들을 가리키는 말이다.
예를 들어, 제주도 같은 큰 섬부터 작은 바위 섬에 이르기까지 한반도 주변에 있는
모든 섬들이 대한민국의 영토에 포함된다는 것이다. 이 조항은 대한민국의 지리적
경계를 정의하며, 이 경계 안에 있는 땅과 바다, 섬들이 대한민국의 영토라는 것을
법적으로 명시한다. 이는 국가의 영역을 명확히 하여 나라의 주권을 유지하고 국민
을 보호하는 기본적인 출발점이 된다.

004 제4조 통일정책

대한민국은 통일을 지향하며, 자유민주적 기본질서에 입각한 평화적 통일정책을
수립하고 이를 추진한다.

대한민국은 남북한이 하나가 되는 것을 목표로 하며, 이를 위해 자유와 민주주의라
는 가치를 기반으로 한 평화적인 방법으로 통일을 이루려고 노력한다는 뜻이다. 여
기서 '통일을 지향한다'는 말은 대한민국이 분단된 상황을 극복하고 언젠가는 하나
의 국가로 재통합되는 것을 최종 목표로 삼고 있다는 의미이다. 그리고 이 목표를 추
구하는 과정에서 '자유민주적 기본질서'를 중요한 원칙으로 삼는다고 한다. 즉, 통
일을 위한 모든 노력은 자유와 민주주의라는 가치를 해치지 않는 범위 내에서 이루
어져야 한다는 것이다. 또한 '평화적 통일정책을 수립하고 이를 추진한다'는 것은 무
력이나 강제가 아닌, 평화적인 방법과 대화, 협력을 통해 접근한다는 뜻이다.

Rewriting

003

_____
_____
_____
_____
_____
_____

Rewriting

004

_____
_____
_____
_____
_____

005 <u>제5조</u>
침략 전쟁의 부인·국군의 사명

① 대한민국은 국제평화의 유지에 노력하고 침략적 전쟁을 부인한다.

② 국군은 국가의 안전보장과 국토방위의 신성한 의무를 수행함을 사명으로 하며 그 정치적 중립성은 준수된다.

대한민국이 세계 평화를 중요하게 생각하고 이를 지키기 위해 노력한다는 것을 명시하고 있다. 또한 '침략적 전쟁을 부인한다'는 말은 다른 나라를 공격해서 전쟁을 일으키는 것에 반대한다는 의미이다. 즉, 대한민국은 전쟁을 통해 문제를 해결하기보다는 평화적인 방법을 찾으려고 노력하는 나라라는 것을 강조한다. 아울러 국군의 주된 임무는 대한민국의 안전을 지키고 국토를 보호하는 것이다. 이는 국군이 가지는 가장 중요한 책임이고 국민의 생명과 재산을 보호하기 위해 필요한 일이다. 아울러 국군은 정치적으로 편향되지 않고, 모든 정치적인 영향으로부터 독립적으로 국가와 국민의 안전을 지키는 역할을 한다.

006 <u>제6조</u>
조약·국제법·외국인의 법적 지위

① 헌법에 의하여 체결·공포된 조약과 일반적으로 승인된 국제법규는 국내법과 같은 효력을 가진다.

② 외국인은 국제법과 조약이 정하는 바에 의하여 그 지위가 보장된다.

다른 나라들과 맺은 조약이나 국제사회에서 널리 인정되는 국제법규가 대한민국 내에서도 법으로서의 효력을 가진다는 것을 의미한다. 즉, 대한민국이 국제조약에 서명하고 그것을 공식적으로 발표했다면 그 조약은 대한민국 법처럼 적용되고, 모든 사람이 그 규정을 따라야 한다는 것이다. 이는 대한민국이 국제사회의 규범과 규칙을 존중하고 준수하겠다는 의지를 나타낸다. 2항은 대한민국이 국제적으로 인정되는 인권의 기준을 존중하며 외국인도 존중받고 보호받아야 한다는 원칙을 반영한다.

Rewriting

005

_____

_____

_____

_____

_____

_____

_____

Rewriting

006

_____

_____

_____

_____

_____

_____

_____

007
공무원의 책임과 지위 및 정치적 중립

① 공무원은 국민전체에 대한 봉사자이며, 국민에 대하여 책임을 진다.

② 공무원의 신분과 정치적 중립성은 법률이 정하는 바에 의하여 보장된다.

공무원은 자신의 직무를 수행하면서 안정적인 신분을 보장받고 정치적인 영향으로부터 자유로워야 한다는 것을 말한다. 공무원이 안정적인 신분 보장을 받아야 정치적인 변화나 외압에 흔들리지 않고 공정하게 업무를 수행할 수 있기 때문이다. 또한 '정치적 중립성'은 공무원이 특정 정치 세력이나 이념에 치우치지 않고 모든 국민을 대상으로 공평하게 서비스를 제공해야 한다는 원칙을 나타낸다. 이는 공무원이 개인적인 정치적 성향이나 이익을 업무에 반영하지 않고 오직 국민의 이익과 법률에 따라 행동해야 함을 의미한다.

008
정당

① 정당의 설립은 자유이며, 복수정당제는 보장된다.

② 정당은 그 목적·조직과 활동이 민주적이어야 하며, 국민의 정치적 의사형성에 참여하는데 필요한 조직을 가져야 한다.

누구나 자유롭게 정당을 만들 수 있고 여러 개의 정당이 공존할 수 있는 시스템, 즉 복수정당제가 대한민국에서 보장된다는 것을 말한다. 이는 정치적 다양성을 인정하고 다양한 의견과 이해관계가 정치 과정에 반영될 수 있도록 함으로써 민주주의를 강화한다. 2항에서 정당은 민주적인 방식으로 운영되어야 하고 국민이 자신의 정치적 의견을 형성하고 표현하는 데 기여해야 한다는 원칙을 제시한다. 즉, 정당은 국민의 의견을 수렴하고 대변하는 역할을 수행하며 이 과정에서 민주적 절차를 준수해야 한다.

Rewriting

007

Rewriting

008

---

008 정당

③ 정당은 법률이 정하는 바에 의하여 국가의 보호를 받으며, 국가는 법률이 정하는 바에 의하여 정당운영에 필요한 자금을 보조할 수 있다.

④ 정당의 목적이나 활동이 민주적 기본질서에 위배될 때에는 정부는 헌법재판소에 그 해산을 제소할 수 있고, 정당은 헌법재판소의 심판에 의하여 해산된다.

정당이 국가로부터 법적 보호를 받고, 필요한 경우에는 운영 자금도 지원받을 수 있음을 명시하고 있다. 정당이 안정적으로 운영되고 건전한 정치 활동을 할 수 있도록 국가가 지원한다는 의미이다. 그러나 어떤 정당의 활동이나 목적이 민주주의의 기본 원칙에 반한다면 그 정당은 해산될 수 있다. 이는 민주주의를 보호하기 위한 조치로, 정당이 민주적 기본질서를 해치는 행위를 할 경우 국가가 개입할 수 있음을 뜻한다. 정당 해산은 헌법재판소의 판단에 따라 이루어진다.

009 전통문화 및 민족문화

국가는 전통문화의 계승·발전과 민족문화의 창달에 노력하여야 한다.

국가가 우리나라 고유의 문화와 전통을 보호하고 더욱 풍부하게 만들어야 한다는 의무를 가진다는 것을 명시하고 있다. 여기서 '전통문화의 계승·발전'은 오랜 역사 속에서 전해진 예술, 언어, 풍습, 의례 등을 잘 보전하고 이를 현대적인 방식으로 발전시켜 나가야 한다는 뜻이다. 아울러 '민족문화의 창달'은 우리 민족만의 새로운 문화적 가치와 표현을 창조해 내고, 이를 통해 우리 문화의 독특함과 아름다움을 더욱 빛내야 한다는 뜻을 담고 있다.

Rewriting

008

_____

_____

_____

_____

_____

_____

_____

Rewriting

009

_____

_____

_____

_____

_____

_____

_____

02장

국민의 권리와 의무

010

존엄성과 인권보장

모든 국민은 인간으로서의 존엄과 가치를 가지며, 행복을 추구할 권리를 가진다. 국가는 개인이 가지는 불가침의 기본적 인권을 확인하고 이를 보장할 의무를 진다.

모든 사람이 인간으로서 존엄하고 가치 있는 존재라는 점을 강조한다. 즉, 누구나 자신이 소중한 사람이며 존중받아야 한다는 것을 의미한다. 또한 모든 국민은 자신의 행복을 추구할 권리가 있다고 말한다. 이는 사람들이 자신의 삶을 스스로 결정하고 자신이 원하는 방향으로 삶을 이끌어갈 수 있음을 뜻한다. 10조에는 국가가 개인의 기본적인 인권을 존중하고 보호해야 한다는 의무가 있음을 명시하고 있다. 여기서 '불가침의 기본적 인권'이란, 다른 사람이나 국가에 의해 침해받지 않을 권리를 말한다. 이를테면, 생명권과 신체의 자유, 생각과 양심의 자유 등이 이에 해당된다.

011

제11조

평등과 특수계급제도 부인 및 영전

① 모든 국민은 법 앞에 평등하다. 누구든지 성별·종교 또는 사회적 신분에 의하여 정치적·경제적·사회적·문화적 생활의 모든 영역에 있어서 차별을 받지 아니한다.

모든 사람이 법 앞에서 동등하고 성별, 종교, 사회적 신분 등 어떤 이유로도 차별받지 않아야 한다는 원칙을 강조한다. 즉, 모든 국민은 정치, 경제, 사회, 문화 등 생활의 모든 분야에서 평등한 대우를 받아야 한다는 것이다. 일터에서의 성별에 기반한 차별적인 채용 관행이나 승진 기회 제한 같은 사건들이 이에 해당된다. 법원은 이러한 경우에 제11조 1항을 근거로 성별에 의한 차별이 부당하다고 판결한 예가 여럿 있다.

Rewriting

010

_____

_____

_____

_____

_____

_____

_____

Rewriting

011

_____

_____

_____

_____

_____

_____

_____

011 평등과 특수계급제도 부인 및 영전

② 사회적 특수계급의 제도는 인정되지 아니하며, 어떠한 형태로도 이를 창설할 수 없다.

③ 훈장등의 영전은 이를 받은 자에게만 효력이 있고, 어떠한 특권도 이에 따르지 아니한다.

사회적으로 특별한 계급이나 계층을 만들어서는 안 되며, 모든 사람이 사회적 신분에 있어서 평등해야 한다는 것을 명시한다. 즉, 과거의 신분제도와 같은 계급 구분은 허용되지 않는다. 3항은 사람들이 훈장이나 영전 같은 명예를 받았을 때 그것은 해당 개인에게만 영향을 미치며 그로 인해 특별한 사회적 특권을 가지는 것은 아니라는 점을 설명하고 있다. 즉, 훈장을 받았다고 해서 법적이나 사회적으로 특별한 혜택을 받는 것은 아니다.

012 신체의 자유 및 자백의 증거능력

① 모든 국민은 신체의 자유를 가진다. 누구든지 법률에 의하지 아니하고는 체포·구속·압수·수색 또는 심문을 받지 아니하며, 법률과 적법한 절차에 의하지 아니하고는 처벌·보안처분 또는 강제노역을 받지 아니한다.

경찰이나 다른 국가 기관은 법률에 명시된 명확한 근거 없이는 누군가를 체포하거나 구속할 수 없다. 즉, 법률이 정한 적법한 절차를 따라야 한다는 것이다. 또한 사람의 집이나 소유물에 대한 압수수색도 법률이 정한 절차와 조건에 따라야 하며, 누구든지 법률에 근거하지 않고 심문을 받거나 처벌을 받아서는 안 된다. 모든 형사 절차와 처벌은 법률에 명시된 바에 따라야 하며 공정한 법적 절차를 거쳐야 한다는 이야기다. 강제노역도 마찬가지인데, 이는 개인의 자유와 존엄성을 보장하기 위한 것이다.

Rewriting

011

Rewriting

012

---

012 신체의 자유 및 자백의 증거능력

② 모든 국민은 고문을 받지 아니하며, 형사상 자기에게 불리한 진술을 강요당하지 아니한다.

③ 체포·구속·압수 또는 수색을 할 때에는 적법한 절차에 따라 검사의 신청에 의하여 법관이 발부한 영장을 제시하여야 한다. 다만, 현행범인인 경우와 장기 3년 이상의 형에 해당하는 죄를 범하고 도피 또는 증거인멸의 염려가 있을 때에는 사후에 영장을 청구할 수 있다.

④ 누구든지 체포 또는 구속을 당한 때에는 즉시 변호인의 조력을 받을 권리를 가진다. 다만, 형사피고인이 스스로 변호인을 구할 수 없을 때에는 법률이 정하는 바에 의하여 국가가 변호인을 붙인다.

첫째, 어떤 상황에서도 고문을 받아서는 안 된다. 이는 기본적인 인권과 인간의 존엄성을 보호하는 원칙이며, 둘째는 법적 절차 도중에 자신에게 불리할 수 있는 진술을 강요당하지 않아야 한다는 것이다. 공정한 재판을 받을 권리의 일부로, 강제적인 자백이나 불리한 진술이 재판 과정에서 사용되지 않도록 보장한다.

3항은 법 집행 과정에서의 권리를 보호한다. 체포와 구속, 압수 및 수색 등은 검사의 요청과 법관이 발부한 영장에 의해 이루어져야 하는데, 이는 개인의 사생활과 자유를 보호하는 절차이다. 예외적으로 현행범인 경우나 중대 범죄로 인한 도피나 증거인멸 우려가 있는 경우에는 영장 발부 절차가 사후에 이루어질 수도 있다.

4항은 체포나 구속을 당한 사람이 법적 절차 동안 변호인의 도움을 받을 권리를 보장하고 있다. 해당 항목은 공정한 재판을 받을 권리의 일부로, 변호인은 체포 또는 구속된 개인이 자신의 권리를 충분히 이해하고 방어할 수 있도록 돕는다. 변호인을 구할 수 없는 경우에는 국가가 변호인을 제공해야 하는데, 이러한 규정은 모두 국민의 기본적인 권리를 보호하고 법률 절차 동안 개인의 권리가 존중되도록 보장하는 데 중점을 두고 있다.

Rewriting

012 신체의 자유 및 자백의 증거능력

⑤ 누구든지 체포 또는 구속의 이유와 변호인의 조력을 받을 권리가 있음을 고지받지 아니하고는 체포 또는 구속을 당하지 아니한다. 체포 또는 구속을 당한 자의 가족 등 법률이 정하는 자에게는 그 이유와 일시·장소가 지체없이 통지되어야 한다.

⑥ 누구든지 체포 또는 구속을 당한 때에는 적부의 심사를 법원에 청구할 권리를 가진다.

⑦ 피고인의 자백이 고문·폭행·협박·구속의 부당한 장기화 또는 기망 기타의 방법에 의하여 자의로 진술된 것이 아니라고 인정될 때 또는 정식재판에 있어서 피고인의 자백이 그에게 불리한 유일한 증거일 때에는 이를 유죄의 증거로 삼거나 이를 이유로 처벌할 수 없다.

사람이 체포나 구속될 때는 반드시 그 이유와 변호인을 구할 권리가 있다는 것을 알려야 한다고 규정한다. 또한 체포나 구속된 사람의 가족이나, 법률이 정한 다른 사람들에게는 이 사실을 빠르게 알려야 한다. 투명한 법 집행과 개인의 권리 보호가 목적인 대목이다.

6항은 체포나 구속의 정당성을 법원에서 검토받을 수 있는 권리를 명시하고 있다. 즉, 자신이 법적으로 올바른 절차에 따라 체포 또는 구속되었는지를 법원에서 판단해달라고 요청할 수 있다는 것이다. 이는 임의적인 체포나 구속을 방지하는 중요한 수단이 된다.

7항은 재판 과정에서 피고인의 자백이 고문이나 폭력, 협박 등 부당한 방법으로 얻어진 것이라면 그 자백을 유죄 판단의 근거로 삼을 수 없다고 규정한다. 또한, 피고인의 자백이 유일한 증거일 경우에도 이를 유죄의 근거로 사용할 수 없다. 공정한 재판을 받을 권리와 함께, 강제된 자백에 의존하지 않는 정의로운 법 집행을 보장하기 위한 조치이다. 위 조항들은 모두 국민의 기본적인 권리를 보호하며, 법률 절차 중 개인의 권리가 존중되도록 보장하는 데 중점을 두고 있다.

Rewriting

013 형벌불소급과 일사부재리 및 연좌제

① 모든 국민은 행위시의 법률에 의하여 범죄를 구성하지 아니하는 행위로 소추되지 아니하며, 동일한 범죄에 대하여 거듭 처벌받지 아니한다.

② 모든 국민은 소급입법에 의하여 참정권의 제한을 받거나 재산권을 박탈당하지 아니한다.

③ 모든 국민은 자기의 행위가 아닌 친족의 행위로 인하여 불이익한 처우를 받지 아니한다.

법률에 의한 범죄와 처벌의 원칙(제1항) '법률 없이는 범죄와 처벌이 없다'는 원칙을 말한다. 즉, 어떤 행위를 하더라도 이를 할 당시에 범죄로 규정되지 않았다면 나중에 법이 바뀌어 그 행위가 범죄가 된다 해도 과거의 행위로는 처벌받지 않는다는 뜻이다. 또한 같은 범죄로 여러 번 처벌받지 않는다는 것도 보장한다.

소급입법에 의한 권리 제한 금지(제2항) 소급입법이란 과거의 행위에 대해 새로운 법을 적용하는 것을 말한다. 이 조항은 과거의 행위에 대해 법을 소급적용하여 국민의 참정권(선거권 등의 정치적 권리)을 제한하거나 재산권을 빼앗는 것을 금지한다. 즉, 법이 바뀌더라도 과거의 행위에 대해 불리하게 적용되어서는 안 된다는 원칙이다.

친족에 의한 부당한 처우 금지(제3항) 한 사람의 행위로 그 사람의 가족이나 친척이 불이익을 받지 않도록 보호하고 있다. 예를 들어, 부모나 형제가 범죄를 저질렀다고 해서 그 가족 구성원이 직업을 얻는 데 차별받거나 사회적으로 불이익을 받는 것을 금지한다는 것이다.

Rewriting

014

거주·이전의 자유

모든 국민은 거주·이전의 자유를 가진다.

> "모든 국민은 원하는 곳에서 살 수 있고, 원할 때 다른 곳으로 이사할 수 있는 자유를 가진다."
>
> 국가가 국민에게 보장하는 기본적인 권리 중 하나다. 국민이라면 누구나 자신이 살고 싶은 장소를 자유롭게 선택할 수 있으며 필요하다면 언제든 다른 곳으로 이동할 수 있다. 예를 들어, 직업을 찾거나, 더 좋은 생활 환경을 원해서, 또는 단순히 새로운 경험을 하고자 하는 등 다양한 이유로 거주지를 변경할 수 있다.

015

직업선택

모든 국민은 직업선택의 자유를 가진다.

> 사람들이 자신의 흥미, 능력, 목표에 맞는 직업을 자유롭게 선택할 수 있도록 보장한다. 국가를 비롯하여 외부의 압박에 의해 특정 직업을 강요받거나 제한받지 않음을 의미한다. 이를테면, 어떤 사람이 예술가가 되고 싶다면 그는 예술가가 될 자유가 있는 것이다. 마찬가지로, 과학자나 교사 혹은 기업가 등, 자신이 원하면 어떤 직업이든 선택할 수 있다. 이 권리는 개인의 자유와 자아실현을 중시하고 각자의 능력과 적성을 바탕으로 직업을 선택함으로써 보다 만족스러운 삶을 영위할 수 있도록 돕는다. 아울러 직업 선택의 자유는 사회·경제적 발전에도 기여하는 중요한 요소이다.

Rewriting

014

_____

Rewriting

015

_____

016

주거 보장

모든 국민은 주거의 자유를 침해받지 아니한다. 주거에 대한 압수나 수색을 할 때에는 검사의 신청에 의하여 법관이 발부한 영장을 제시하여야 한다.

모든 국민은 자신의 집이나 거주하는 곳을 마음대로 살 수 있는 권리가 있으며, 누구도 이를 침해해서는 안 된다. 또한 경찰이나 다른 국가 기관이 국민의 집을 수색하거나 물건을 압수하려 할 때는 법적인 절차를 따라야 하는데, 이는 검사가 법원에 영장을 신청하면 법관이 영장을 발부해야 한다는 뜻이다. 16조는 국민이 자신의 주거 공간에서 안전하고 평온하게 생활할 수 있는 권리를 보장하고 있다. 즉, 누구라도 국민의 동의 없이 집에 들어오거나 거주하는 곳을 방해해서는 안 된다는 것이다. 아울러 단순한 의심만으로 집을 수색하거나 물건을 가져갈 수 없으며, 이를 위해 당국은 법관의 영장을 확보해야 한다. 이러한 절차는 국민의 사생활을 보호하고 무분별한 권력의 남용을 방지하기 위해 필요하다.

017

사생활의 비밀과 자유

모든 국민은 사생활의 비밀과 자유를 침해받지 아니한다.

사람들이 개인적인 생활을 자유롭게 즐기고, 그 내용이 타인에게 함부로 공개되거나 침해당하지 않을 권리를 가진다는 뜻이다. 여기에는 개인의 사적인 공간, 통신, 그리고 생활에 대한 정보가 보호받아야 한다는 원칙을 담고 있다. 요컨대, 이 원칙은 개인의 비밀이나 개인적인 사항을 국가나 기업 또는 다른 사람이 무단으로 들여다보거나 공개하거나 이용하는 것을 방지한다. 이를테면, 편지나 이메일을 주고받거나, 집에서 혼자 시간을 보내거나, 혹은 사적인 대화를 할 때 이 모든 활동은 외부의 무단 접근으로부터 보호받아야 한다는 것이다. 이 권리는 사람들이 자신의 생각과 감정, 그리고 취향을 자유롭게 표현하고 탐색할 수 있는 안전한 환경을 제공한다.

Rewriting

016

Rewriting

017

018

통신의 비밀

모든 국민은 통신의 비밀을 침해받지 아니한다.

전화나 이메일, 문자 메시지와 같은 통신 수단을 사용할 때 그 내용을 무단으로 엿보거나 타인에 의해 공개되지 않을 권리를 의미한다. 여기에는 개인의 대화와 정보가 비밀리에 보호되어야 한다는 원칙을 담고 있다. 간단히 말해, 이 조항은 당신이 소통하는 모든 방식의 정보가 안전하게 보호되어야 한다는 점을 강조한다. 즉, 누군가가 동의 없이 전화 통화를 듣거나, 이메일을 열어보거나, 문자 메시지를 읽는 것은 법적으로 금지되어 있다는 것. 이같은 보호 조항은 개인의 사생활을 존중하고, 자유롭게 의사소통할 수 있는 환경을 조성함으로써 사회적 신뢰와 개인의 자유를 강화한다. 또한 통신의 비밀을 보장함으로써 사람들이 자신의 생각과 정보를 안전하게 공유할 수 있는 기반을 마련해 주기도 한다.

019

양심의 자유

모든 국민은 양심의 자유를 가진다.

자신의 내적인 신념이나 생각, 도덕적 판단에 따라 행동할 수 있는 권리를 가진다는 것을 뜻한다. 즉, 자신이 옳다고 믿는 것을 자유롭게 생각하고, 그에 따라 행동할 수 있게 하는 원칙인 셈이다.

요컨대, 19조는 당신이 자신만의 도덕적, 정신적, 종교적 신념에 따라 살아갈 수 있는 권리를 보장하고 있다. 예컨대, 어떤 사람이 특정 종교를 믿거나, 믿지 않기로 결정하는 것, 또는 특정 사회적·정치적 이슈에 대해 개인적인 의견을 피력하는 것 모두 양심의 자유에 포함되어 있다.

Rewriting

018

Rewriting

019

020

종교의 자유

① 모든 국민은 종교의 자유를 가진다.

② 국교는 인정되지 아니하며, 종교와 정치는 분리된다.

모든 사람은 자신이 원하는 종교를 믿거나 믿지 않을 권리가 있다. 어떤 종교단체에 소속되거나 종교적 신념에 따라 예배를 드리고, 종교의식을 수행할 수 있는 자유를 두고 하는 말이다. 또한, 자신의 종교를 바꾸거나 종교적 신념을 표현하는 것도 이 권리에 포함된다.

2항은 국가가 특정 종교를 공식적으로 지지하거나 국교로 인정하지 않는다는 뜻이다. 이는 모든 종교가 국가 앞에서 평등하다는 원칙을 의미하며 국가의 정책이나 법률이 특정 종교의 교리에 기반해서는 안 된다는 것을 명시한다.

021

제21조

언론 · 출판 · 집회 · 결사의 자유

① 모든 국민은 언론 · 출판의 자유와 집회 · 결사의 자유를 가진다.

모든 국민에게는 자신의 생각이나 의견을 자유롭게 표현하고 이를 언론이나 출판을 통해 공개할 수 있는 권리가 있다. 이는 신문과 잡지, 책, 인터넷 등을 포함한 모든 매체를 통해 정보를 받고 전달할 수 있는 자유를 의미한다. 사람들은 자신의 의견을 자유롭게 발표하고 다양한 정보를 탐색하며 사회적 · 정치적 문제에 대해 토론할 수 있다. 아울러 모든 국민은 평화적인 방법으로 집회를 열거나, 단체를 결성하고 가입할 자유가 있다. 여기에는 의견을 공유하고 공동의 목표를 위해 협력할 수 있는 권리가 포함된다. 예컨대, 사회적 · 정치적 이슈에 대해 시위를 하거나, 특정 목적을 가진 단체를 만들어 활동하는 것이 이 권리에 해당된다.

Rewriting

020

Rewriting

021

021 언론·출판·집회·결사의 자유

② 언론·출판에 대한 허가나 검열과 집회·결사에 대한 허가는 인정되지 아니한다.

③ 통신·방송의 시설기준과 신문의 기능을 보장하기 위하여 필요한 사항은 법률로 정한다.

④ 언론·출판은 타인의 명예나 권리 또는 공중도덕이나 사회윤리를 침해하여서는 아니된다. 언론·출판이 타인의 명예나 권리를 침해한 때에는 피해자는 이에 대한 피해의 배상을 청구할 수 있다.

국가는 언론이나 출판물을 사전에 허가하거나 검열할 수 없고, 사람들이 모이거나 단체를 이루는 것을 사전에 허가 받지 않아도 된다는 뜻이다. 즉, 사전 검열이나 허가 없이 자유롭게 의견을 표현하고 출판하는 것, 그리고 집회와 결사의 자유가 보장된다는 의미이다.

3항은 통신과 방송 시설의 기준이나 신문의 기능을 유지하고 보호하기 위해 필요한 규정들은 법률을 통해 정해진다는 뜻이다. 이는 공정한 언론과 신문의 운영을 보장하기 위한 조치로 볼 수 있다.

끝으로 국민에게는 언론과 출판의 자유가 있지만, 그것이 다른 사람의 명예나 권리, 그리고 공공의 도덕이나 윤리를 해치는 방식으로 사용되어서는 안 된다는 것을 명시하고 있다. 언론이나 출판을 통해 누군가의 명예나 권리가 침해되었다면 피해자는 손해 배상을 청구할 권리가 있다는 것이다. 이를테면, 자유에는 책임이 따른다는 원칙을 강조하는 조항이다.

Rewriting

022

학문·예술의 자유와 보호

① 모든 국민은 학문과 예술의 자유를 가진다.

② 저작자·발명가·과학기술자와 예술가의 권리는 법률로써 보호한다.

국민은 자신이 원하는 학문을 연구하고, 예술 활동을 자유롭게 할 수 있다는 것을 명시한다. 국가나 다른 사람이 이러한 활동을 제한하거나 간섭할 수 없다는 것이다. 생각하고 탐구하며 창조적인 활동을 하는 것은 모든 사람의 기본적인 권리 중 하나이기 때문이다. 아울러 창작물을 만든 사람의 권리도 법률에 의해 보호되고 있다. 저작자는 그들이 만든 문학작품이나 음악, 미술작품 등이 법적으로 보호를 받으며, 발명가나 과학기술자 또한 특허 등을 통해 지적 재산을 보호 받을 수 있다.

023

제23조

재산권의 보장과 제한

① 모든 국민의 재산권은 보장된다. 그 내용과 한계는 법률로 정한다.

모든 국민은 자신의 재산을 소유할 권리가 있다. 이는 부동산과 금전, 또는 다른 가치 있는 물건을 소유하고 관리할 수 있는 권리를 의미한다. 즉, 개인의 재산은 기본적으로 개인의 자유와 권리의 일부로 인정되며, 이를 무단으로 탈취하거나 제한할 수 없음을 뜻한다. 단, 재산권의 구체적인 내용과 그에 따른 한계는 법률로 정하고 있다. 즉, 재산을 어떻게 사용하고 어떤 조건에서 재산권이 제한될 수 있는지 등을 법률을 통해 명확히 규정하고, 이를 통해 재산권 행사가 사회적 정의와 공공의 이익에 부합하도록 한다는 것이다. 예컨대, 공익을 위한 토지 강제 수용이나 세금 부과 등은 법률을 통해 그 기준과 절차가 정해진다.

Rewriting

022

Rewriting

---

023 재산권의 보장과 제한

② 재산권의 행사는 공공복리에 적합하도록 하여야 한다.

③ 공공필요에 의한 재산권의 수용·사용 또는 제한 및 그에 대한 보상은 법률로써 하되, 정당한 보상을 지급하여야 한다.

> 재산권을 행사할 때 개인의 이익뿐 아니라 공공의 이익 또는 복리를 고려해야 한다는 원칙이다. 즉, 개인은 자신의 재산을 자유롭게 사용할 권리가 있지만 그것이 사회 전체에 해를 끼치거나 공공의 복리에 반하는 방식으로는 안 된다는 뜻이다. 반면, 개인의 재산이 공공의 필요로 인해 수용되거나 사용되어 제한을 받게 될 경우, 국가는 그에 대해 정당한 보상을 해야 한다. 이는 개인이 재산권의 제한으로 경제적인 손실을 입었을 때 이를 상쇄하기 위한 조치이다.

024 선거권

모든 국민은 법률이 정하는 바에 의하여 선거권을 가진다.

> 모든 국민이 선거권을 가진다고 명시함으로써 선거권이 특정 집단이나 개인에게만 제한되지 않고, 국가의 모든 성인 시민에게 평등하게 부여되어야 한다는 원칙을 강조하고 있다. "법률이 정하는 바"는 일정한 제한을 둘 수 있음을 시사하는데, 이는 일반적으로 연령, 국적 등의 합리적 기준에 의한 것이다. 선거권은 민주주의의 핵심 요소 중 하나로 국민이 자신의 의사를 정치적으로 표현하고 정부의 구성에 직접적으로 참여할 수 있는 권리를 의미한다. 국민은 이를 통해 자신의 대표를 선출하고 정치적 결정에 영향을 미칠 수 있다.

Rewriting   **023**

_____

_____

_____

_____

_____

_____

_____

Rewriting   **024**

_____

_____

_____

_____

_____

_____

_____

025

공무담임권

모든 국민은 법률이 정하는 바에 의하여 공무담임권을 가진다.

공무를 담당할 수 있는 권리, 즉 공무담임권은 법률에 의해 정해진 규칙과 절차에 따라 부여된다는 것을 의미한다. 공무원이 되기 위한 자격과 선발 절차, 필요한 조건 등이 법률을 통해 명시되어야 함을 강조하고 있다. 이 원칙은 공무담임의 기회가 특정 집단이나 개인에게 제한되지 않고, 원칙적으로 모든 국민에게 열려 있어야 한다는 것을 의미한다. 단, "법률이 정하는 바"에 따라 일정한 자격 요건이나 제한을 둘 수 있음을 의미하는데 이를테면, 특정 직무를 수행하기 위해 필요한 학력과 경험, 또는 시험 합격 등의 요구 사항이 이에 해당된다.

026

청원권

① 모든 국민은 법률이 정하는 바에 의하여 국가기관에 문서로 청원할 권리를 가진다.

② 국가는 청원에 대하여 심사할 의무를 진다.

모든 국민은 법률이 정하는 바에 따라 국가기관에 문서로 자신의 의견이나 요구 혹은 불만 등을 제시할 권리를 가진다. 이는 개인이나 집단이 국가와 특정 사안에 대한 조치나 개선을 요구할 수 있는 중요한 민주적 권리입니다. 이때 청원은 문서 형태로 이루어져야 하는데, 청원 내용이 명확하게 기록되고 공식적으로 처리될 수 있어야 하기 때문이다. 국가는 이러한 청원을 신중하게 검토하고 그에 대응할 의무가 있다. 이는 국민과 국가 간의 소통을 촉진하고 국민의 참여를 통해 정책 결정 과정에 영향을 미칠 수 있는 중요한 민주적 절차를 나타낸다.

Rewriting

025

Rewriting

026

---

027 재판 받을 권리와 무죄추정

① 모든 국민은 헌법과 법률이 정한 법관에 의하여 법률에 의한 재판을 받을 권리를 가진다.

② 군인 또는 군무원이 아닌 국민은 대한민국의 영역 안에서는 중대한 군사상 기밀·초병·초소·유독음식물공급·포로·군용물에 관한 죄중 법률이 정한 경우와 비상계엄이 선포된 경우를 제외하고는 군사법원의 재판을 받지 아니한다.

모든 국민은 공정하고 독립된 법원에서 재판을 받을 권리가 있음을 의미한다. 즉, 정부의 간섭이나 비합법적인 세력의 영향을 받지 않는, 독립적인 법관에 의해 판결을 받을 수 있는 권리를 보장한다는 것이다. 이 원칙은 '법률에 의한 재판'을 강조하며, 모든 재판 절차와 판결이 법률에 근거해야 함을 강조한다. 이는 사법의 예측 가능성과 공정성을 보장하는 법치주의의 핵심 원칙이다.

2항은 일반 국민이 군사법원의 재판을 받지 않는다는 원칙을 명시하고 있다. 즉, 군사법원은 군인 또는 군무원에 국한된 특수한 사법 체계이므로 일반 국민은 통상적인 법률 체계 내에서 재판을 받아야 한다는 것이다. 단, 중대한 군사상의 기밀이나 비상계엄 등 특정 상황에서는 예외적으로 군사법원의 재판을 받을 수 있음을 밝히고 있다.

군사법원 재판의 예외 사항은 엄정한 법률로 정해져야 하며, 이는 임의적인 군사법원의 재판 확대를 방지하는 안전장치 역할을 한다.

두 조항의 핵심은 모든 국민이 공정한 법률 절차에 따라 재판을 받을 권리를 갖고, 특정한 예외 상황이 아닌 경우에는 군사법원의 재판을 받지 않아야 한다는 원칙이다. 이는 법의 지배와 사법의 독립성, 그리고 국민의 기본권 보호를 강조하는 중요한 원칙이다.

③ 모든 국민은 신속한 재판을 받을 권리를 가진다. 형사피고인은 상당한 이유가 없는 한 지체없이 공개재판을 받을 권리를 가진다.

④ 형사피고인은 유죄의 판결이 확정될 때까지는 무죄로 추정된다.

⑤ 형사피해자는 법률이 정하는 바에 의하여 당해 사건의 재판절차에서 진술할 수 있다.

법적 문제나 형사 사건에 연루된 국민이 불필요한 지연 없이 신속하게 재판을 받을 수 있는 권리를 보장하고 있다. 장기간의 재판 지연은 피고인에게 부당한 스트레스와 불이익을 줄 수 있으므로 이를 방지하는 것이 중요하다.

공개재판의 권리 형사피고인이 공개적으로 재판을 받을 권리는 투명하고 공정한 절차를 통해 사건이 처리되는 데 도움이 된다. 공개재판은 사법 절차에 대한 신뢰를 증진시키고 재판 과정에서의 오류나 부당한 처우를 방지하는 데 중요한 역할을 한다.

무죄 추정의 원칙 형사 절차에서 매우 중대한 원칙으로, 모든 형사피고인이 유죄가 입증될 때까지는 무죄로 간주된다는 것을 의미한다. 이는 공정한 재판을 받을 권리의 핵심 조항이며 국가가 피고인의 유죄를 증명할 책임이 있음을 나타낸다.

형사피해자의 진술 권리 형사 사건에서 피해자 역시 중요한 이해관계자임을 인정하고, 그들이 재판 과정에서 자신의 입장이나 사건에 대한 견해를 진술할 수 있는 권리를 보장한다. 이는 피해자의 목소리가 공정한 재판 절차 내에서 관철될 수 있도록 함으로써 재판의 포괄적인 공정성을 증진시킨다.

Rewriting

028

형사보상

형사피의자 또는 형사피고인으로서 구금되었던 자가 법률이 정하는 불기소처분을 받거나 무죄판결을 받은 때에는 법률이 정하는 바에 의하여 국가에 정당한 보상을 청구할 수 있다.

형사피의자 또는 형사피고인으로 구금되었던 개인이 법률에 따라 불기소 결정을 받거나 법원으로부터 무죄 판결을 받은 경우에 한한다. 사법 절차로 발생한 개인의 부당한 구금이나 고통에 대한 보상 청구의 자격과 절차 및 범위 등은 법률에 의해 명확하게 정해져야 한다. 보상 청구 과정의 투명성과 공정성을 보장해야 하기 때문이다. 이 조항은 국가가 형사사법 시스템을 통해 개인에게 부당한 피해를 입혔을 경우, 그 피해를 보상할 책임이 있음을 명시하고 있다. 법률 절차에 따른 오류나 실수로 인한 개인의 권리 침해에 대한 국가의 책임을 인정하는 대목이다.

029

공무원의 비위와 배상책임

① 공무원의 직무상 불법행위로 손해를 받은 국민은 법률이 정하는 바에 의하여 국가 또는 공공단체에 정당한 배상을 청구할 수 있다. 이 경우 공무원 자신의 책임은 면제되지 아니한다.

국민이 공무원의 직무상 불법 행위로 손해를 입었을 경우, 그 국민은 법률이 정하는 바에 따라 국가나 공공단체에 대해 정당한 배상을 청구할 수 있다. 국가나 공공단체가 공무원에 의해 발생한 불법 행위로 인한 손해에 대해 책임을 진다는 원칙을 명시한 것이다. 물론 배상 청구가 국가나 공공단체를 대상으로 이루어진다 하더라도 공무원 자신의 책임이 면제되는 것은 아니다. 이 조항은 공무원 개인도 자신의 불법 행위로 인한 손해에 대해 책임을 질 수 있음을 명확히 밝히고 있다.

Rewriting

028

Rewriting

029

029 공무원의 비위와 배상책임

② 군인·군무원·경찰공무원 기타 법률이 정하는 자가 전투·훈련 등 직무집행과 관련하여 받은 손해에 대하여는 법률이 정하는 보상 외에 국가 또는 공공단체에 공무원의 직무상 불법행위로 인한 배상은 청구할 수 없다.

법률에 의한 보상 한정 해당 공무원이 전투, 훈련 등 직무 수행 과정에서 입은 손해에 대해서는 법률이 정하는 보상을 받을 수 있으나, 그 범위를 넘어 추가적으로 국가나 공공단체를 상대로 하는 배상은 청구할 수 없다. 예컨대, 군인 A씨가 훈련 도중 불의의 사고로 인해 심각한 부상을 입었다고 치자. A씨는 이 법률로 제공되는 보상 외에 추가적인 배상을 요구하고 싶어도 법률이 정한 보상 외에 추가적인 배상은 청구할 수 없다. 직무 수행 중 발생한 손해에 대한 보상은 법률로 정해진 범위 내에서만 가능하다는 것이다.

030 범죄행위에 따른 피해구조

타인의 범죄행위로 인하여 생명·신체에 대한 피해를 받은 국민은 법률이 정하는 바에 의하여 국가로부터 구조를 받을 수 있다.

타인의 범죄 행위로 생명이나 신체에 직접적인 피해를 입은 국민은 법률이 정하는 바에 따라 국가로부터 적절한 보호와 지원을 받을 권리가 있다. 단, 구조의 형태와 범위 및 절차 등은 법률로 명확히 규정되는데, 이는 구조를 받을 수 있는 피해자의 자격과 구조의 내용(의료 지원, 법률 상담, 금전적 보상 등) 및 신청 방법 등이 포함된다. 이때 국가가 제공하는 구조는 단순한 재정적 지원에 국한되지 않으며, 피해자의 신체적·정신적 회복을 지원하고, 법적 권리 회복을 돕는 다양한 형태를 포함할 수 있다. 이 모두는 법률로써 구체적으로 규정되어야 한다.

Rewriting

029

_____

_____

_____

_____

_____

_____

_____

Rewriting

030

_____

_____

_____

_____

_____

_____

_____

031

교육 받을 권리 및 의무

① 모든 국민은 능력에 따라 균등하게 교육을 받을 권리를 가진다.

② 모든 국민은 그 보호하는 자녀에게 적어도 초등교육과 법률이 정하는 교육을
받게 할 의무를 진다.

③ 의무교육은 무상으로 한다.

모든 사람은 자신의 능력과 상관없이 동일한 기회로 교육을 받을 수 있는 권리가 있
다는 뜻이다. 즉, 어떤 배경이나 능력을 가졌든지 모두가 공평하게 교육을 받을 수
있어야 한다는 원칙을 말한다.

부모나 보호자는 자신이 보호하는 아이들이 적어도 초등교육과 법으로 정해진 교
육을 받도록 해야 한다는 의무가 있다. 즉, 모든 아이들이 기본적인 교육을 받는 것
은 그들의 권리이며 이를 보장하는 것은 부모나 보호자의 책임이라는 것이다.

아울러 3항은 의무교육, 즉 모든 아이가 받아야 하는 교육은 무상으로 제공되어야
한다는 뜻이다. 교육을 받는 데 경제적인 부담이 없도록 하여 모든 아이가 교육을
받을 수 있도록 하는 원칙이다.

Rewriting

031 교육 받을 권리 및 의무

④ 교육의 자주성·전문성·정치적 중립성 및 대학의 자율성은 법률이 정하는 바에 의하여 보장된다.

⑤ 국가는 평생교육을 진흥하여야 한다.

⑥ 학교교육 및 평생교육을 포함한 교육제도와 그 운영, 교육재정 및 교원의 지위에 관한 기본적인 사항은 법률로 정한다.

선거철이 되어 정치적으로 민감한 시기가 되더라도 학교와 교사는 특정한 정치적 입장을 지지하거나 반대하는 교육을 해서는 안 된다. '정치적 중립성'은 이를 두고 하는 말이다. 교육은 모든 학생에게 공평해야 하며 정치적으로 편향되어서는 안 된다는 것이다. 아울러 대학은 스스로 교육 과정과 연구 방향 및 입학 정책 등을 결정할 수 있는 '자율성'을 갖는다. 예컨대, 대학은 어떤 과목을 개설할지, 어떤 연구 프로젝트에 자금을 지원할지, 혹은 어떤 학생을 입학시킬지 등을 결정할 수 있다. 이 모든 원칙은 법률에 의해 보장되고 있다.

국가는 이러한 원칙들이 실현될 수 있도록 지원하고, 보호하는 역할을 한다. 이는 교육이 개인의 발전뿐 아니라 사회 전체의 발전에 중요하기 때문이다.

평생교육이란 것은 학교를 졸업한 후에도 배움을 계속 잇는다는 뜻이다. 국가는 사람이 어릴 때뿐 아니라 평생 동안 계속 배울 수 있도록 도와주고 이를 장려해야 한다. 학교에서 배우는 것을 너머 평생 배우는 교육과, 학교가 어떻게 운영되는지, 교육에 투입되는 돈은 어떻게 쓰이며 교사의 지위는 어떤지 등은 모두 법으로 정해진다. 이는 모두가 공정하게 교육을 받을 수 있게 하고 교사도 자신의 역할을 제대로 수행할 수 있게 하기 위한 전제가 된다.

Rewriting

032

근로 권리 및 의무, 국가유공자

① 모든 국민은 근로의 권리를 가진다. 국가는 사회적·경제적 방법으로 근로자의 고용의 증진과 적정임금의 보장에 노력하여야 하며, 법률이 정하는 바에 의하여 최저임금제를 시행하여야 한다.

② 모든 국민은 근로의 의무를 진다. 국가는 근로의 의무의 내용과 조건을 민주주의 원칙에 따라 법률로 정한다.

③ 근로조건의 기준은 인간의 존엄성을 보장하도록 법률로 정한다.

모든 사람은 일할 권리가 있다. 정부는 사람들이 일자리를 찾을 수 있도록 도와야 하고, 최소한 이상의 돈을 벌 수 있게 해야 한다는 것이다. 예컨대, 정부는 최저임금을 정해 사람들이 너무 적은 돈을 받고 일하지 않도록 근로자를 보호해야 한다.

2항은 모든 국민이 일을 해야 한다는 뜻이다. 하지만 일하는 조건이나 어떤 일을 해야 하는지에 대한 규칙은 공정해야 하므로 이를 법으로 정한다는 것이다. 누구나 안전한 환경에서 일할 권리가 있다.

아울러 일하는 환경이나 조건은 사람을 존중하는 데서 출발한다. 너무 오래 일하게 하거나, 위험한 일을 강요받지 않도록 보호받아야 한다는 것이다. 예컨대, 일주일에 특정 시간 이상 일하지 않도록 하는 근로시간을 정한 것이 이에 해당된다. 어떤 공장에서 일하는 근로자들이 너무 낮은 임금으로 비교적 긴 시간 동안 일하고 있다면, 이는 법률에 의해 보호받아야 할 근로자의 권리를 침해하는 것이다. 정부는 이런 상황을 개선하기 위해 최저임금을 설정하고 근로시간을 제한하는 등의 조치를 취할 수 있다.

Rewriting

032 근로 권리 및 의무, 국가유공자

④ 여자의 근로는 특별한 보호를 받으며, 고용·임금 및 근로조건에 있어서 부당한 차별을 받지 아니한다.

⑤ 연소자의 근로는 특별한 보호를 받는다.

⑥ 국가유공자·상이군경 및 전몰군경의 유가족은 법률이 정하는 바에 의하여 우선적으로 근로의 기회를 부여받는다.

여성 근로자는 일터에서 남성 근로자와 동등한 대우를 받아야 하고, 성별 때문에 불리한 조건을 강요받지 않아야 한다. 예컨대, 동일한 일을 하는 여성과 남성 근로자가 있다면, 둘 사이에는 임금 차이가 없도록 하는 것이 원칙이다. 또한 임신이나 출산으로 여성 근로자가 직장에서 불이익을 받지 않도록 보호하는 조치도 포함된다.

연소자, 즉 미성년자나 어린이가 일하는 경우라면 그들의 안전과 건강, 교육을 해치지 않는 범위 내에서 근로가 이루어져야 한다. 예를 들어, 어린이들이 너무 무거운 물건을 드는 일이나 위험한 환경에서 일하는 것을 금지하는 법률이 이에 해당된다. 또한 일하는 시간을 제한함으로써 학교 수업에 참여할 수 있도록 유도하는 것도 마찬가지다.

6항은 국가를 위해 희생하거나 공헌한 사람들과, 그들의 가족이 일자리를 찾을 때 우선권을 갖는다는 것을 뜻한다. 예컨대, 어떤 회사가 채용 공고를 낼 때 이러한 배경을 가진 사람을 우선적으로 고려하여 채용하는 정책이 이에 해당된다. 이는 국가를 위한 특별한 희생이나 공헌에 대한 감사의 표시로 볼 수 있다.

Rewriting

032

033

제33조

근로자의 단결권 등

① 근로자는 근로조건의 향상을 위하여 자주적인 단결권·단체교섭권 및 단체행동권을 가진다.

② 공무원인 근로자는 법률이 정하는 자에 한하여 단결권·단체교섭권 및 단체행동권을 가진다.

③ 법률이 정하는 주요 방위산업체에 종사하는 근로자의 단체행동권은 법률이 정하는 바에 의하여 이를 제한하거나 인정하지 아니할 수 있다.

근로자들은 더 나은 근로 조건을 위해 함께 모이고(단결권) 고용주와 협상할 수 있는 권리(단체교섭권)를 가지며, 필요한 경우 파업 같은 집단적 행동을 취할 수도 있다(단체행동권). 예컨대, 공장 근로자들이 더 높은 임금과 더 좋은 작업 환경을 요구하며 노동조합을 결성, 고용주와 협상을 시도하고 협상이 잘 되지 않을 때는 파업을 하는 경우가 이에 해당된다.

공무원도 단결권과 단체교섭권 및 단체행동권을 가질 수 있지만, 일반 근로자와 달리 일부는 제한될 수 있으며 법률로 정해진 범위 내에서만 행사할 수 있다. 이를테면, 공무원 노동조합이 있을 수는 있지만 공공의 안전과 질서를 유지해야 하는 책임이 있기 때문에 파업 같은 단체행동은 제한받을 수 있는 것이다.

아울러 국가의 안보와 직결되는 방위산업체에서 일하는 근로자라면, 그들의 단체행동권은 국가 안보의 중요성 때문에 제한될 수 있다. 무기를 제조하는 공장 근로자들이 파업을 하면 국가 안보에 영향을 미칠 수 있기 때문에 이러한 중요 산업에서는 파업 같은 단체행동을 제한하는 법률이 가능하다.

Rewriting

034 사회보장 등

① 모든 국민은 인간다운 생활을 할 권리를 가진다.

② 국가는 사회보장·사회복지의 증진에 노력할 의무를 진다.

③ 국가는 여자의 복지와 권익의 향상을 위하여 노력하여야 한다.

모든 사람이 기초적인 생활을 유지할 수 있도록 필요한 의식주를 갖추고, 건강하고 존엄한 생활을 할 수 있는 권리가 있음을 의미한다. 이를테면, 정부가 저소득 가정에 주거비를 지원하여 모두가 안정적인 환경에서 살 수 있도록 돕는 경우가 해당된다.

2항은 정부가 실업과 질병 및 노령 등으로 생활이 어려워진 사람들을 지원하고, 사회적 약자를 보호하기 위해 다양한 프로그램과 서비스를 제공해야 한다는 것을 의미한다. 예컨대, 실업급여와 건강보험 및 노인 복지 프로그램 등이 이에 해당된다.

아울러 정부는 여성의 생활 수준을 높이고, 여성이 경제·사회·문화적으로 동등한 위치에 있도록 특별한 노력을 기울여야 한다. 예를 들어, 여성이 직장과 가정에서 겪는 어려움을 해소하기 위해 육아 휴직 정책을 개선하거나, 여성의 경제적 권리와 기회를 확대하기 위해 국가가 여성 창업자를 위한 특별 자금 지원 프로그램을 운영하는 것도 이에 해당된다. 이러한 지원은 여성이 자신의 비즈니스를 성공적으로 운영할 수 있는 기회를 제공함으로써 여성의 경제적 자립과 성공을 돕는다.

Rewriting

④ 국가는 노인과 청소년의 복지향상을 위한 정책을 실시할 의무를 진다.

⑤ 신체장애자 및 질병·노령 기타의 사유로 생활능력이 없는 국민은 법률이 정하는 바에 의하여 국가의 보호를 받는다.

⑥ 국가는 재해를 예방하고 그 위험으로부터 국민을 보호하기 위하여 노력하여야 한다.

정부가 노인을 위한 건강 관리 프로그램이나 노인복지시설을 운영하고, 청소년을 위해 교육 및 문화 프로그램과 청소년 상담센터 등을 제공하는 것이 이에 해당된다. 이런 정책은 노인과 청소년이 사회의 중요한 구성원으로서 건강하고 행복한 삶을 영위하는 데 기여한다.

5항은 신체적 장애와 질병 및 노령 등으로 일상생활을 영위하기 어려운 사람들이 정부로부터 필요한 지원을 받아야 한다는 뜻이다. 예컨대, 장애인을 위한 복지혜택과 의료지원 및 생활비 지원 등이 이에 해당된다. 이러한 지원책은 그들이 사회에서 독립적이고 존엄한 생활을 할 수 있도록 돕기 위한 것이다.

재해에 대해서는 정부가 홍수와 지진, 태풍 등 자연재해로부터 국민을 보호하기 위해 댐을 건설하거나, 재해 경보 시스템을 구축하거나, 국민에게 재해 대비 훈련을 실시하는 것이 이에 해당된다. 또한 비상시에 신속하게 대응할 수 있는 시스템을 갖추고 재해가 발생했을 때 피해를 최소화하고 신속한 복구를 위한 태세도 포함된다.

Rewriting

035

환경권

① 모든 국민은 건강하고 쾌적한 환경에서 생활할 권리를 가지며, 국가와 국민은 환경보전을 위하여 노력하여야 한다.

② 환경권의 내용과 행사에 관하여는 법률로 정한다.

③ 국가는 주택개발정책등을 통하여 모든 국민이 쾌적한 주거생활을 할 수 있도록 노력하여야 한다.

국민 모두가 깨끗한 공기와 맑은 물, 그리고 쾌적한 자연 환경에서 살 권리가 있음을 의미한다. 정부가 대기 오염을 줄이기 위해 대기질 관리 정책을 실시하거나, 쓰레기를 줄이고 재활용을 촉진하기 위한 캠페인을 벌이는 것이 이에 해당된다. 또한 국민들도 쓰레기 분리수거에 참여하고 대중교통을 이용하는 등 환경보전을 위해 노력할 수 있다.

2항은 환경을 보호하고 쾌적한 환경에서 살아갈 권리를 법률적으로 보장하며, 구체적인 환경 보호 규정 및 정책이 법률을 통해 정해진다는 뜻이다. 예를 들어, 환경보호법이나 자연공원법 같은 법률이 이러한 환경권을 구체화하고, 어떤 활동이 환경에 허용되는지 또는 금지되는지를 규정하고 있다.

아울러 3항은 모든 사람이 안전하고 건강하며 쾌적한 집에서 살 수 있도록 정부가 주택 정책을 개발·시행해야 한다는 뜻이다. 이를테면, 저렴한 가격의 공공주택을 건설하여 저소득층이나 젊은 부부가 살 수 있도록 지원하거나, 도시의 노후화된 주거지를 개선하는 도시재생 프로젝트가 이에 해당된다.

Rewriting

036 혼인과 가족 모성보호 및 보건

① 혼인과 가족생활은 개인의 존엄과 양성의 평등을 기초로 성립되고 유지되어야 하며, 국가는 이를 보장한다.

② 국가는 모성의 보호를 위하여 노력하여야 한다.

③ 모든 국민은 보건에 관하여 국가의 보호를 받는다.

남성과 여성이 혼인과 가족생활에서 동등한 권리와 책임을 가진다는 뜻이다. 이를테면, 남편과 아내는 가정 내에서 함께 결정을 내리고, 양육의 책임을 공유하는 것이 이 원칙에 부합한다. 국가는 이러한 평등을 보장하기 위해 법률을 통해 부부의 권리와 의무를 명시하고, 가정 폭력이나 성차별과 같은 문제에 대응하기 위한 정책을 시행한다.

2항은 임신과 출산 및 육아 과정에서 여성이 받는 물리적·경제적·사회적 지원을 강화해야 한다는 뜻이다. 예컨대, 정부가 임신한 여성을 위한 건강검진 서비스를 무료로 제공하거나, 출산 후에 여성이 일터로 복귀할 수 있도록 육아 휴직 제도를 운영하는 것이 이에 해당된다. 또한 모성을 보호하기 위해 출산 관련 휴가 또는 경제적 지원을 제공하는 것도 포함된다.

아울러 3항은 국민 모두가 필요한 의료 서비스를 이용할 수 있도록 조치해야 한다는 뜻이다. 국가가 운영하는 건강보험제도를 통해 저렴한 비용으로 진료를 받고, 약을 사고, 필요한 치료를 받을 수 있도록 하는 것이다. 또한 예방 접종 프로그램을 통해 전염병으로부터 국민을 보호하고, 공공 보건 캠페인을 제작하여 건강한 생활 습관을 장려하는 것도 이에 해당된다.

Rewriting

036

제37조

자유와 권리 존중 및 제한

① 국민의 자유와 권리는 헌법에 열거되지 아니한 이유로 경시되지 아니한다.

② 국민의 모든 자유와 권리는 국가안전보장·질서유지 또는 공공복리를 위하여 필요한 경우에 한하여 법률로써 제한할 수 있으며, 제한하는 경우에도 자유와 권리의 본질적인 내용을 침해할 수 없다.

헌법에 명시적으로 언급되지 않았다고 해서 그 권리가 중요하지 않다는 뜻이 아니라는 것을 의미한다. 예를 들어, 헌법에 인터넷 사용의 자유가 구체적으로 언급되어 있지 않더라도 이는 현대 사회에서 정보 접근과 표현의 자유에 중요한 대목이므로 이 역시 보호받아야 할 권리로 간주될 수 있다.

2항은 국민의 자유와 권리도 중요하지만 국가의 안전과 질서 유지 및 공공의 이익을 위해 필요한 경우에는 국민의 자유와 권리가 제한될 수 있다는 것을 의미한다. 예를 들어, 공공장소에서 시끄러운 소음을 제한하는 법률이 이에 해당된다. 이 같은 법률은 주거 지역의 평화와 질서를 도모하기 위한 것이지만 그렇다고 해서 사람들이 자유롭게 표현하는 권리를 완전히 박탈하지는 않는다. 다만 타인의 권리와 공공의 이익을 존중하는 범위 내에서 자유를 행사할 수 있도록 합리적인 제한을 둘 수 있다는 것이다.

Rewriting

037

038

제38조

납세의 의무

모든 국민은 법률이 정하는 바에 의하여 납세의 의무를 진다.

국가는 모든 사업자가 수익에 따라 일정 비율의 세금을 내도록 법률로 정하고 있다. 소득세는 매장에서 발생한 순익에 대한 세금을 두고 하는 말이다. 업주는 매년 자신의 사업으로 얻은 수익을 기반으로 소득세를 계산하고 이를 정부에 납부해야 한다. 직장인 또한 매달 받는 월급에서 일정 부분을 소득세로 납부하게 된다. 직장에서는 원천징수하는 방식으로 이루어지는데, 월급에서 자동으로 세금이 공제되어 정부에 납부된다. 이렇게 낸 세금은 도로와 학교 및 병원 등의 공공서비스와 국가 운영에 필요한 재정을 마련하기 위해 모든 국민에 부여된 의무이다. 국가는 납세의 의무로써 공공의 이익과 복지를 위한 다양한 프로그램과 서비스를 제공할 수 있는 기반을 마련한다.

039

제39조

국방의 의무

① 모든 국민은 법률이 정하는 바에 의하여 국방의 의무를 진다.

② 누구든지 병역의무의 이행으로 인하여 불이익한 처우를 받지 아니한다.

대한민국에서는 만 18세 이상의 남성 국민에게 병역 의무가 있다. 이는 국가를 방위하고 보호하는 중요한 책임 중 하나로, 지정된 나이에 도달한 남성은 군대에 입대하여 일정 기간 동안 국방의 의무를 이행해야 한다. 입소한 장병은 훈련을 받고, 유사시에는 국가를 방어하는 역할을 수행한다. 이때 국가는 병역의 의무를 이행한 사람이 병역 때문에 불이익을 받지 않도록 그를 보호해야 한다.

Rewriting

038

_____

_____

_____

_____

_____

_____

_____

Rewriting

039

_____

_____

_____

_____

_____

_____

_____

03장

국회

040

입법권

입법권은 국회에 속한다.

국회는 사회적으로 큰 관심사가 된 환경 문제에 대응하기 위해 새로운 환경보호법을 제정할 수 있다. 우선 환경보호를 강화하기 위한 법안이 국회의원에 의해 발의될 것이다. 해당 법안은 폐기물 관리 개선이나 대기오염 감소 혹은 수자원 사용의 효율성 증가 등을 목표로 한다고 치자. 발의된 법안은 국회 내에서 여러 차례 토론과 심사를 거친다. 이 과정에서 당국은 환경 전문가와 이해당사자 및 일반 국민의 의견을 수렴하여 법안의 내용을 조정·보완할 수 있다. 그러고 나면 법안은 국회 전체회의에서 표결에 부친다. 다수의 국회의원이 찬성하면 법안은 법률로 채택되고 정부는 이를 국민에게 공포하고 법률에 따라 시행한다.

041

국회의 구성

① 국회는 국민의 보통·평등·직접·비밀선거에 의하여 선출된 국회의원으로 구성한다.

② 국회의원의 수는 법률로 정하되, 200인 이상으로 한다.

③ 국회의원의 선거구와 비례대표제 기타 선거에 관한 사항은 법률로 정한다.

국회의 구성 원칙은 선거가 공정하고 자유로운 환경에서 이루어져야 함을 의미한다. 현재 대한민국 국회는 300명의 국회의원으로 구성되어 있다. 이 숫자는 인구 비례 대표와 지역구 대표를 결합한 선거제도를 통해 결정, 각 지역의 인구수와 국민의 다양한 의견을 대표할 수 있도록 설계된 것이다.

Rewriting

040

Rewriting

041

042

의원의 임기

국회의원의 임기는 4년으로 한다.

국회의원이 선출된 후 직을 수행할 수 있는 기간은 4년이다. 임기를 정한 까닭은 정치적인 안정성을 보장하고 동시에 국민이 자신의 대표자를 정기적으로 재선출할 수 있는 기회를 보장하기 위해서다. 예컨대, 대한민국에서 국회의원 선거가 있었다고 가정해 볼 때, 2020년 4월 국회의원 선거가 실시돼 김영희 의원이 국회의원으로 선출되었다면, 김 의원의 임기는 선거가 실시된 2020년부터 시작하여 4년, 즉 2024년 4월까지가 된다.

043

제43조

의원의 겸직 제한

국회의원은 법률이 정하는 직을 겸할 수 없다.

국회의원은 의정 활동에 전념해야 하므로 여타 직업이나 공직을 동시에 수행하는 것이 제한된다는 원칙을 설명한다. 이는 이해 충돌을 방지하고 의원이 국회 활동에 집중토록 하는 데 목적이 있다. 이를테면, 박준호 의원이 국회의원으로 활동하고 있다고 가정해 보자. 국회의원으로 선출되기 전에는 대학에서 교수로 재직해왔지만, 국회의원으로 선출된 후에는 법률에 따라 대학 교수직을 포함하여 정부 기관이나 공공기관에서의 다른 공직은 겸할 수 없게 된다.

Rewriting

042

Rewriting

043

044

불체포 특권

① 국회의원은 현행범인인 경우를 제외하고는 회기 중 국회의 동의없이 체포 또는 구금되지 아니한다.

② 국회의원이 회기 전에 체포 또는 구금된 때에는 현행범인이 아닌 한 국회의 요구가 있으면 회기 중 석방된다.

국회가 열리고 있는 동안에는 국회의원이 현행범으로 잡히지 않는 이상, 국회의 허가 없이는 체포하거나 감옥에 넣을 수 없다는 뜻이다. 그래서 2023년 초 한동훈 비대위원장은 법무부 장관 당시, 이재명 당대표를 비롯하여 노웅래 의원 등을 체포하는 데 동의해 줄 것을 국회에서 요청한 적이 있다. 불체포 특권이 범죄자를 비호하는 데 악용되고 있다는 목소리가 높아짐에 따라 이 권한을 폐지하자는 의견도 있다.

045

제45조

발언 및 판결의 면책

국회의원은 국회에서 직무상 행한 발언과 표결에 관하여 국회 외에서 책임을 지지 아니한다.

지난 2022년 10월, 김모 의원은 국회 법사위 국정감사에서 윤석열 대통령과, 당시 법무부 장관이던 한동훈 위원장, 이세창 전 자유총연맹 총재 권한대행과 김앤장 변호사 30여명이 서울 청담동에서 함께 심야 술자리를 가졌다는 의혹을 제기한 바 있다. 이때 김 의원은 증거로 첼리스트 A씨가 전 애인에게 술자리 상황을 설명하는 음성파일을 공개했지만 결국 A씨는 경찰 조사 과정에서 "그 내용이 다 거짓말이었다. 전 애인을 속이기 위해 거짓말했다"는 취지로 진술한다. 물론 수사 당국은 헌법 45조를 적용, 김 의원에 대해 불송치 결정을 내린다.

Rewriting

044

_____

_____

_____

_____

_____

_____

_____

_____

Rewriting

045

_____

_____

_____

_____

_____

_____

_____

_____

제46조
국회의원의 의무

① 국회의원은 청렴의 의무가 있다.

② 국회의원은 국가이익을 우선하여 양심에 따라 직무를 행한다.

③ 국회의원은 그 지위를 남용하여 국가·공공단체 또는 기업체와의 계약이나 그 처분에 의하여 재산상의 권리·이익 또는 직위를 취득하거나 타인을 위하여 그 취득을 알선할 수 없다.

국회의원은 항상 공정하고 정직하게 행동해야 한다. 예를 들어, 홍길동 의원은 선거 기간에 받은 기부금의 출처가 어디인지 투명하게 밝히고, 자신의 결정이나 처신이 사적인 이익이 아니라 공익을 위한 것임을 보여줘야 한다.

아울러 국회의원은 중요한 법안에 투표할 때 개인적인 이익이나 정당의 이익보다는 국가와 국민의 이익을 먼저 생각해야 하고, 양심에 따라 결정을 내려야 한다. 예컨대, 환경 보호 법안을 표결한다면 이것이 국가와 국민의 장기적인 이익에 부합하는지를 고려하여 투표해야 한다는 것이다.

3항은 국회의원이 자신의 영향력을 이용하여 지인 회사로 하여금 정부와 유리한 계약을 맺도록 돕는다거나, 지인이 부당한 이익을 얻을 수 있는 위치에 오르도록 알선하는 것은 법으로 금지되어 있다. 이를테면, 박봉수 의원이 국회의원이라는 지위를 이용해 공공 프로젝트 입찰에서 동창 회사가 이득을 보도록 유도하는 것은 부적절한 행위가 된다.

047 정기회 및 임시회

① 국회의 정기회는 법률이 정하는 바에 의하여 매년 1회 집회되며, 국회의 임시회는 대통령 또는 국회재적의원 4분의 1이상의 요구에 의하여 집회된다.

② 정기회의 회기는 100일을, 임시회의 회기는 30일을 초과할 수 없다.

③ 대통령이 임시회의 집회를 요구할 때에는 기간과 집회요구의 이유를 명시하여야 한다.

매년 법률에 따라 국회는 반드시 한 번은 모여야 한다. 이를 '정기회'라 하며, 국가의 예산 심의나 중요 안건을 다루는 등의 일을 한다. 반면 '임시회'는 특별한 사안이나 긴급한 문제를 논의하기 위해 필요할 때 언제든지 열 수 있다. 임시회는 대통령이나 국회 의원 중 4분의 1 이상이 요구하면 열린다.

정기회는 최대 100일 동안 진행될 수 있고, 임시회는 최대 30일 동안 진행된다. 이는 국회가 일을 처리하는 데 충분한 시간을 갖되, 너무 길지 않게 해서 효율적으로 운영 되도록 하기 위함이다.

대통령이 국회 임시회를 열려 하면 요구하는 회의의 기간과 그 회의를 열어야 하는 이유를 명확히 밝혀야 한다. 예컨대, 대통령이 자연재해 대응을 위한 특별 예산 심의 를 위해 임시회 집회를 요구한다면, 요구서에는 임시회를 열어야 하는 기간과 그 이 유가 구체적으로 명시되어야 할 것이다.

위 조항은 국회가 어떻게 소집되고 어떤 일정으로 운영되며, 특히 긴급한 사항을 처 리하기 위한 임시회는 어떻게 이루어지는지에 대한 규칙을 설정하고 있다. 이러한 규 정은 국회의 효율적인 운영을 보장하고, 국가 운영에 필요한 법률 및 예산안들이 적 절한 시기에 논의되고 결정될 수 있도록 하기 위함이다.

Rewriting

047

048

의장 및 부의장

국회는 의장 1인과 부의장 2인을 선출한다.

국회도 학교의 학급처럼 자신들만의 '리더'를 뽑는다. 학급에서는 반장과 부반장을 선출하듯이, 국회에서는 의회의 운영을 책임지고 대표하는 의장 1명과, 의장을 도와서 일을 진행하게 될 부의장 2명을 선출한다. 예를 들어, 국회의 새 회기가 시작될 때, 국회의원들은 투표를 통해 의장과 부의장을 뽑는다. 의장은 국회의 회의를 주재하고, 국회 대외적인 대표 역할을 하며, 국회의 질서 유지 등을 책임진다. 반면 부의장은 의장이 부재하거나 할 수 없을 때 이러한 업무를 대신 수행한다.

049

의결 정족수와 방법

국회는 헌법 또는 법률에 특별한 규정이 없는 한 재적의원 과반수의 출석과 출석의원 과반수의 찬성으로 의결한다. 가부동수인 때에는 부결된 것으로 본다.

국회에서 어떤 결정을 내리려 할 때 대개는 두 가지 규칙을 따른다. 첫째는 출석 규칙으로 국회의원 전체 중 반 이상이 회의에 참석해야 한다. 예컨대, 국회의원이 300명인 경우, 최소 151명의 의원이 회의에 참석해야 당일 회의가 유효하다. 둘째는 표결 규칙이다. 회의에 참석한 의원들 중 반 이상이 어떤 안건에 찬성해야 그 안건이 통과된다. 즉, 200명의 의원이 회의에 참석했다면, 그중 101명이 찬성해야 해당 안건이 승인된다는 것이다. 어떤 표결에서 찬성과 반대 표가 정확히 같다면, 그 안건은 통과되지 않고 부결된 것으로 간주한다.

Rewriting

048

_____

_____

_____

_____

_____

_____

_____

Rewriting

049

_____

_____

_____

_____

_____

_____

_____

050

제50조

의사공개

① 국회의 회의는 공개한다. 다만, 출석의원 과반수의 찬성이 있거나 의장이 국가의 안전보장을 위하여 필요하다고 인정할 때에는 공개하지 아니할 수 있다.

② 공개하지 아니한 회의내용의 공표에 관하여는 법률이 정하는 바에 의한다.

일반적으로 국회에서 이루어지는 모든 회의는 국민이 볼 수 있도록 공개된다. 이는 투명성을 확보하고 국민이 자신을 대표하는 의원들이 어떤 결정을 내리고 있는지 알 수 있도록 하기 위함이다. 이를테면, 국민은 TV나 인터넷을 통해 국회 회의를 볼 수 있다. 그러나 회의에 참석한 의원들 중 절반 이상이 동의하거나, 의장이 국가의 안전을 위해 필요하다고 판단할 경우, 특정 회의는 비공개로 진행될 수 있다. 예컨대, 국가 안보에 관련된 민감한 정보를 다루는 회의나, 특정한 사안이 공개될 경우 국가에 해를 끼칠 수 있는 경우라면 비공개 회의가 열릴 수 있다.

051

제51조

의안의 연속성

국회에 제출된 법률안 기타의 의안은 회기 중에 의결되지 못한 이유로 폐기되지 아니한다. 다만, 국회의원의 임기가 만료된 때에는 그러하지 아니하다.

국회가 소집된 동안 어떤 법안이나 안건이 최종적으로 결정되지 않았다고 해서 그것이 자동으로 폐기되지는 않는다는 것이다. 즉, 회기가 끝나도 그 법안은 계속해서 논의될 수 있다. 하지만, 국회의원의 임기가 끝나는 경우 이 규칙은 적용되지 않는다. 여기서 '회기'란 국회가 정식으로 모여서 활동하는 기간을 의미하고 '임기'는 국회의원이 선출되어 활동하는 기간을 뜻한다.

Rewriting

050

Rewriting

051

052

법률안 제출

국회의원과 정부는 법률안을 제출할 수 있다.

새로운 법을 만들거나 기존의 법을 바꾸고 싶을 때, 그 제안을 시작할 수 있는 사람은 크게 두 그룹이 있다. 첫 번째는 국회의원이고, 두 번째는 정부이다. 국회의원이 법률안을 제출하는 경우, 예를 들어, 국회의원 최영희가 교통 안전을 강화하기 위한 새로운 법률안을 생각해 냈다고 치자. 최 의원은 이 법률안을 직접 작성하고, 국회에 제출하여 다른 의원들의 검토와 토론을 요청할 수 있다. 둘째, 정부가 법률안을 제출하는 경우라면 정부 내에서 예컨대, 교통부가 교통 안전을 강화할 필요성을 느끼고 이에 대한 법률안을 준비했다고 가정해 보자. 그럼 교통부는 이 법률안을 정부의 공식적인 제안으로 국회에 제출할 수 있다. 이때 대개는 해당 부처의 장관이나 대통령이 국회에 법률안을 제출할 것이다.

053

법률 공포와 대통령의 재의 요구 등

① 국회에서 의결된 법률안은 정부에 이송되어 15일 이내에 대통령이 공포한다.

② 법률안에 이의가 있을 때에는 대통령은 제1항의 기간내에 이의서를 붙여 국회로 환부하고, 그 재의를 요구할 수 있다. 국회의 폐회 중에도 또한 같다.

대통령이 국회에서 통과된 법률안에 문제가 있다고 판단할 경우, 대통령은 15일 이내에 그 법률안을 국회로 다시 보내면서 반대한다는 이의서를 첨부할 수 있다. 이를 '재의 요구'라고 한다. 그후 국회는 이 법률안을 다시 검토하고 토론할 수 있다. 대통령이 도로 교통법에 포함된 특정 조항이 현실적이지 않다고 생각한다면 이의서를 붙여 다시 국회에 보내 재토론을 요구할 수 있다는 것이다. 폐회 중일 때에도 가능한 이야기다.

Rewriting

052

Rewriting

053

법률 공포와 대통령의 재의 요구 등

③ 대통령은 법률안의 일부에 대하여 또는 법률안을 수정하여 재의를 요구할 수 없다.

④ 재의의 요구가 있을 때에는 국회는 재의에 붙이고, 재적의원 과반수의 출석과 출석의원 3분의 2 이상의 찬성으로 전과 같은 의결을 하면 그 법률안은 법률로서 확정된다.

⑤ 대통령이 제1항의 기간 내에 공포나 재의의 요구를 하지 아니한 때에도 그 법률안은 법률로서 확정된다.

대통령이 국회에서 결정된 법률안에 대해 재의를 요구할 때, 대통령은 그 법률안의 일부분만 선택적으로 문제 삼거나, 법률안을 수정해서 재의를 요구할 수 없다. 즉, 대통령은 법률안 전체에 대해 재의를 요구할 수는 있지만, "이 부분은 문제가 없고 저 부분만 다시 생각해보자" 혹은 "이렇게 고치면 어떨까"라고 제안할 수는 없다는 것이다.

대통령으로부터 재의 요구를 받은 국회는 그 법률안을 다시 검토한다. 이때, 법률안을 다시 통과시키려면 국회의원 전체의 절반 이상이 회의에 참석해야 하고, 참석한 의원 중에서 3분의 2 이상이 찬성해야 한다. 예를 들어, 국회의원이 300명인 경우, 최소 151명이 회의에 참석해야 하고, 그중에서 최소 201명이 해당 법률안에 대해 다시 찬성해야 한다. 이렇게 높은 찬성률로 다시 의결되면 그 법률안은 법률로 확정되어 대통령에 의해 공포되어야 한다.

대통령이 이 15일이라는 기간 내에 법률안을 공포하거나 재의를 요구하는 어떠한 행동도 하지 않는다면, 그 법률안은 자동으로 법률로 확정된다. 즉, 대통령의 명시적인 승인이나 반대 없이도 법률안은 법률이 된다는 것이다. 예를 들어, 국회가 어린이 보호에 관한 법률안을 통과시켜 대통령에게 보냈다 치자. 이때 대통령이 아무런 조치를 취하지 않고 15일이 지났다면 이 법률안은 자동으로 법률로서 확정되어 시행될 수 있다. 이 규정은 법률안이 무기한으로 대통령의 결정을 기다리는 상황을 방지하고 효율적인 법률 제정 과정을 유지하기 위한 조치이다.

Rewriting

⑥ 대통령은 제4항과 제5항의 규정에 의하여 확정된 법률을 지체없이 공포하여야 한다. 제5항에 의하여 법률이 확정된 후 또는제4항에 의한 확정법률이 정부에 이송된 후 5일 이내에 대통령이 공포하지 아니할 때에는 국회의장이 이를 공포한다.

⑦ 법률은 특별한 규정이 없는 한 공포한 날로부터 20일을 경과함으로써 효력을 발생한다.

대통령은 국회를 통해 확정된 법률(재의 요구 후 다시 국회에서 통과된 법률이나, 대통령이 15일 이내에 공포나 재의 요구를 하지 않아 자동으로 확정된 법률)을 받은 후 지체 없이 그 법률을 공포해야 한다. 대통령이 법률을 받고 나서 5일 이내에 공포하지 않는다면 국회의장이 대신 그 법률을 공포할 수 있다. 즉, 이 규정은 법률이 확정된 후에는 신속히 공포되어야 한다고 명시하고 있다.

법률은 공포된 날로부터 20일이 지나면 특별한 규정이 없는 한 그 효력을 발생한다. 이는 법률이 공포된 후 즉시 효력이 발생하지 않고, 국민들이 새로운 법률을 미리 알고 준비할 수 있도록 일정 기간을 두는 것이다.

예컨대, 국회의장이 1월 1일에 새로운 교통법규를 공포했다면, 이 법은 1월 21일부터 실제로 적용되기 시작한다. 이 기간 동안 사람들은 새 법규를 이해하고, 준비할 시간을 갖게 된다.

Rewriting

제54조

054 예산안 심의 및 확정 등

① 국회는 국가의 예산안을 심의·확정한다.

② 정부는 회계연도마다 예산안을 편성하여 회계연도 개시 90일 전까지 국회에 제출하고, 국회는 회계연도 개시 30일 전까지 이를 의결하여야 한다.

①항은 국가가 사용할 돈, 즉 예산에 대한 계획(예산안)을 국회가 검토하고 결정한다는 것을 의미한다. 즉, 정부가 어떻게 돈을 쓸지 제안을 하더라도 최종적으로 그 돈을 어떻게 사용할지를 승인하는 권한은 국회에 있다.

②항은 예산안의 제출 및 의결 시한을 규정한다. 정부는 매 회계연도(보통 1년 단위로 설정된 기간)에 사용할 예산안을 만들어야 한다. 이 예산안은 다가오는 회계연도가 시작되기 90일 전까지 국회에 제출해야 한다. 예를 들어, 2023년도 예산안은 2022년 10월 2일까지 국회에 제출되어야 한다(2023년 1월 1일이 회계연도 시작일이라면).

국회는 제출된 예산안을 검토하고, 회계연도가 시작되기 30일 전까지 그 예산안에 대해 의결해야 한다. 이는 국회가 예산안을 충분히 검토하고 토론하여, 국가의 재정이 효과적으로 사용될 수 있도록 보장하기 위함이다. 예를 들어, 2023년도 예산안은 2022년 12월 2일까지 국회에서 의결되어야 한다.

Rewriting

054 예산안 심의 및 확정 등

③ 새로운 회계연도가 개시될 때까지 예산안이 의결되지 못한 때에는 정부는 국회에서 예산안이 의결될 때까지 다음의 목적을 위한 경비는 전년도 예산에 준하여 집행할 수 있다.

1. 헌법이나 법률에 의하여 설치된 기관 또는 시설의 유지 · 운영
2. 법률상 지출의무의 이행
3. 이미 예산으로 승인된 사업의 계속

새로운 회계연도가 시작되었는데 아직 그 해의 예산안이 국회에서 승인되지 않았다면, 정부는 일시적으로 전년도의 예산을 기준으로 특정 경비를 지출할 수 있다. 이때 지출할 수 있는 경비는 크게 세 가지 범주로 제한된다.

1. 기관 또는 시설의 유지 운영
헌법이나 법률에 의해 설립된 정부 기관이나 공공 시설의 정상적인 운영과 유지를 위한 비용이 해당된다. 예를 들어, 학교나 병원, 공공기관의 운영 비용이 이에 해당된다.

2. 법률상 지출의무의 이행
법률에 의해 정부가 지출해야 하는 의무가 있는 항목을 일컫는다. 예를 들어, 국가가 법적으로 약속한 연금 지급이나 다른 사회 복지 혜택 등이 이에 해당된다.

3. 이미 예산으로 승인된 사업의 계속
이전 회계연도에 이미 시작되었거나 계획된 사업이 계속되어야 할 경우, 그 사업을 위한 비용을 지출할 수 있다. 예를 들어, 여러 해에 걸쳐 진행되는 도로 건설이나 대형 공공 프로젝트의 진행을 위한 비용이 이에 해당된다.

Rewriting

055

계속비 및 예비비

① 한 회계연도를 넘어 계속하여 지출할 필요가 있을 때에는 정부는 연한을 정하여 계속비로서 국회의 의결을 얻어야 한다.

② 예비비는 총액으로 국회의 의결을 얻어야 한다. 예비비의 지출은 차기국회의 승인을 얻어야 한다.

정부는 특정 프로젝트나 활동을 위해 특정 회계연도를 넘어 지속적으로 돈을 써야 하는 경우도 있다. 이런 경우 정부는 지출이 필요한 기간(연한)을 정해 이를 '계속비'로 분류하고 이 계속비에 대해 국회의 승인을 받아야 한다. 예컨대, 여러 해 동안 진행되는 대규모 인프라 프로젝트에 대한 자금 지원이 이에 해당될 수 있다. 정부는 프로젝트가 완료될 때까지 필요한 총 지출액과 각 회계연도에 필요한 지출액을 계산하여 국회의 승인을 요청한다.

056

제56조

추가경정예산

정부는 예산에 변경을 가할 필요가 있을 때에는 추가경정예산안을 편성하여 국회에 제출할 수 있다.

정부가 이미 승인된 예산을 운영하다가 어떤 이유로 변경이 필요하게 될 경우, '추가경정예산안'을 만들어 국회에 제출할 수 있다는 내용이다. 추가경정예산안은 일종의 '수정 예산안'이라 할 수 있다. 이는 예상치 못한 경제 상황의 변화나 자연재해, 혹은 새로운 정책 우선순위 등으로 기존 예산안으로는 충분하지 않거나, 예산의 재분배가 필요한 경우에 편성된다. 예를 들어, 정부가 한 해 예산을 계획하고 실행하던 중 갑자기 큰 홍수가 발생하여 많은 지역이 피해를 입었다고 가정해 보자. 이런 상황에서 정부는 피해 복구를 위한 추가 자금이 필요할 것이다.

Rewriting

055

_____

_____

_____

_____

_____

_____

_____

Rewriting

056

_____

_____

_____

_____

_____

_____

_____

057

제57조

지출예산각항 증액 및 새 비목 금지

국회는 정부의 동의 없이 정부가제출한 지출예산 각항의 금액을 증가하거나 새 비목을 설치할 수 없다.

정부가 제출한 예산안에 대해 국회는 정부의 동의 없이 그 예산의 각 항목에서 지출되는 금액을 능동적으로 늘릴 수 없고, 새로운 비용 항목을 추가할 수도 없다는 것이다. 예를 들어, 정부가 국회에 제출한 예산안에는 교육, 보건, 국방 등 여러 분야에 대한 지출 계획이 포함되어 있다. 만일 국회가 보건 분야에 더 많은 예산을 편성하고 싶다면, 국회는 그렇게 하기 위해 정부와 협의하고 정부의 동의를 얻어야 한다. 국회가 독자적으로 보건 분야 예산을 증액하거나, 예산안에 없던 새로운 프로젝트를 예산안에 추가하는 것은 허용되지 않는다. 이 규정의 목적은 예산 편성 과정에서 균형을 유지하고, 정부와 국회 간의 협력을 강조하기 위한 것이다.

058

제58조

국채모집 등에 관한 의결권

국채를 모집하거나 예산 외에 국가의 부담이 될 계약을 체결하려 할 때에는 정부는 미리 국회의 의결을 얻어야 한다.

정부가 자금을 조달하기 위해 국채(정부가 발행하는 채권)를 발행하려고 할 때, 이는 국가의 장기적인 부채가 될 수 있다. 예컨대, 정부가 큰 규모의 인프라 프로젝트를 위해 자금이 필요하다고 판단하여 국채를 발행하고자 한다면 이러한 결정을 실행하기 전에 국회의 승인을 받아야 한다. 아울러 정부가 예산 계획에 포함되지 않은 큰 규모의 계약을 체결하려고 할 때도 마찬가지이다. 이를테면, 정부가 외국 회사와의 큰 규모의 에너지 개발 프로젝트에 참여하기로 계약을 체결하려 할 때, 이 계약이 국가에 장기적인 재정적 의무를 부과할 수 있으므로 국회의 사전 승인을 받아야 한다.

Rewriting

057

Rewriting

058

059

조세의 종목과 세율

조세의 종목과 세율은 법률로 정한다.

국가에서 징수하는 모든 세금의 종류(조세의 종목)와 세금을 얼마나 내야 하는지 결정하는 비율(세율)은 반드시 법률을 통해 정해져야 한다. 이는 정부나 다른 기관이 임의로 세금을 부과하거나 세율을 변경할 수 없음을 의미한다. 예컨대, 정부가 국민에게 소득세, 부가가치세, 법인세 등을 부과하고자 할 때 이러한 세금의 종류와 각 세금에 적용되는 세율은 국회에서 통과된 법률에 명시되어야 한다. 정부가 새로운 세금을 도입하거나 기존 세금의 세율을 변경하고 싶다면 이러한 변경 사항을 담은 법률안을 준비하여 국회의 승인을 받아야 한다. 이 규정은 세금 부과의 법적 근거를 명확히 하여 국민의 재산권을 보호하고, 조세 정책의 변경이 민주적인 절차에 따라 이루어지도록 보장하기 위함이다.

060

조약 및 선전포고 등에 관한 동의

① 국회는 상호원조 또는 안전보장에 관한 조약, 중요한 국제조직에 관한 조약, 우호통상항해조약, 주권의 제약에 관한 조약, 강화조약, 국가나 국민에게 중대한 재정적 부담을 지우는 조약 또는 입법사항에 관한 조약의 체결·비준에 대한 동의권을 가진다.

제60조는 국회가 특정 유형의 국제 조약에 대해 동의할 권한이 있다는 것을 명시하고 있다. 즉, 정부가 중요한 국제적 합의나 약속을 하고자 할 때 그것을 최종적으로 확정하기 전에 국회의 승인을 받아야 한다는 뜻이다.

Rewriting

059

_____

_____

_____

_____

_____

_____

_____

Rewriting

060

_____

_____

_____

_____

_____

_____

_____

060

제60조

조약 및 선전포고 등에 관한 동의

② 국회는 선전포고, 국군의 외국에의 파견 또는 외국군대의 대한민국 영역 안에서의 주류에 대한 동의권을 가진다.

국회가 국가의 중대한 군사적 결정에 대한 동의권을 갖고 있다는 것을 명시하고 있다. 즉, 국가가 전쟁을 선포하거나 국군을 외국에 보내는 결정, 혹은 외국 군대가 대한민국 영토 내에서 활동하는 것에 대해서는 국회의 승인을 받아야 한다는 뜻이다.

061

제61조

국정감사 및 조사권

① 국회는 국정을 감사하거나 특정한 국정사안에 대하여 조사할 수 있으며, 이에 필요한 서류의 제출 또는 증인의 출석과 증언이나 의견의 진술을 요구할 수 있다.

② 국정감사 및 조사에 관한 절차 기타 필요한 사항은 법률로 정한다.

국회는 정부의 다양한 활동과 정책 실행 상황을 점검하고, 특정한 국정 사안에 대해 자세히 조사할 수 있는 권한을 가진다. 이는 국회가 정부의 정책과 실행 과정을 투명하게 하고, 필요한 경우 문제를 지적하거나 개선을 요구할 수 있도록 하는 중요한 역할이다. 예컨대, 국회는 대규모 공공 프로젝트의 진행 상황과 예산 사용의 적절성, 특정 정책의 효과 등을 검토할 수 있다. 이때 국회는 관련 서류의 제출을 요구하거나, 증인으로부터 직접 증언을 듣고 의견을 청취할 수 있다.

Rewriting

060

061

Rewriting

062

국무총리 등의 출석 요구

① 국무총리·국무위원 또는 정부위원은 국회나 그 위원회에 출석하여 국정처리상황을 보고하거나 의견을 진술하고 질문에 응답할 수 있다.

② 국회나 그 위원회의 요구가 있을 때에는 국무총리·국무위원 또는 정부위원은 출석·답변하여야 하며, 국무총리 또는 국무위원이 출석요구를 받은 때에는 국무위원 또는 정부위원으로 하여금 출석·답변하게 할 수 있다.

1항에서는 국무총리, 국무위원, 그리고 정부위원이 자발적으로 국회나 그 위원회에 출석하여 국정 상황을 보고하고 자신의 의견을 말하며, 국회의원들의 질문에 응답할 수 있음을 명시하고 있다. 이는 정부 측에서 국회에 정보를 제공하고 의견을 나누는 열린 태도를 장려하기 위한 것이다.

2항은 국회 또는 그 위원회의 요구가 있을 때 국무총리, 국무위원, 정부위원이 반드시 출석하여 답변해야 함을 규정하고 있다. 이는 국회의 요구에 따라 정부가 응답할 의무가 있음을 강조하는 것으로 국회의 감독 기능을 강화한다. 또한 국무총리나 국무위원이 직접 요구를 받았을 때 다른 국무위원이나 정부위원을 대신 보낼 수 있는 규정도 포함하고 있어 유연하면서도 효율적인 국정 운영을 가능하게 한다.

이 조항은 민주적인 정부 운영을 위해 국회와 정부 간의 투명성과 책임성을 확보하는 데 중요한 역할을 한다. 국회는 이를 통해 정부의 정책과 결정 과정에 대한 이해를 높이고, 필요한 경우 정책 수정이나 개선을 요구할 수 있다. 이는 궁극적으로 국민의 이익을 보호하고 국가의 발전에 기여하는 데 중요한 기능을 수행한다.

Rewriting

063 국무총리 및 국무위원 해임건의권

① 국회는 국무총리 또는 국무위원의 해임을 대통령에게 건의할 수 있다.

② 제1항의 해임건의는 국회재적의원 3분의 1 이상의 발의에 의하여 국회재적의
원 과반수의 찬성이 있어야 한다.

대한민국 헌법에서 국회의 권한을 규정하는 조항으로, 국무총리 또는 국무위원의 해
임을 대통령에게 건의할 수 있는 절차를 설명하고 있다. 이러한 규정은 입법부인 국회
가 집행부에 대해 일정 수준의 견제를 할 수 있는 권한을 부여함으로써 민주적 균형을
이루려는 것이다.

제1항은 국회가 국무총리나 국무위원의 해임을 대통령에게 건의할 수 있는 권리를 명
시하고 있다. 이는 국회가 해당 정부 공직자의 행동이나 정책 실행에 심각한 문제가 있
음을 판단할 경우, 그 책임을 물어 해임을 요구할 수 있음을 뜻한다.

제2항은 이러한 해임 건의가 단순한 다수의 의견에 의해 이루어지는 것이 아니라, 보
다 엄격한 요구 사항을 충족해야 한다는 점을 규정하고 있다. 해임 건의를 시작하려면
국회 재적 의원의 3분의 1 이상이 발의해야 하며 발의된 해임건의에 대해 국회 재적
의원 과반수의 찬성을 얻어야 한다. 이는 단순히 일시적인 정치적 감정에 기반한 결정
이 아닌, 신중하고 민주적인 과정을 통해 이루어져야 함을 강조하는 것이다.

요컨대, 이 조항은 국회의 집행부에 대한 감시와 견제 기능을 강화하며 집행부의 투명
성과 책임성을 보장하는 데 중요한 역할을 한다. 이는 국가의 건전한 민주주의 발전에
기여하는 중요한 요소이다.

Rewriting

063

제64조

국회의 자율권

① 국회는 법률에 저촉되지 아니하는 범위 안에서 의사와 내부규율에 관한 규칙을 제정할 수 있다.

② 국회는 의원의 자격을 심사하며, 의원을 징계할 수 있다.

③ 의원을 제명하려면 국회재적의원 3분의 2이상의 찬성이 있어야 한다.

④ 제2항과 제3항의 처분에 대하여는 법원에 제소할 수 없다.

첫 번째 항에서는 국회가 법률을 위반하지 않는 한계 내에서 자체 의사진행과 내부 규칙을 자율적으로 설정할 수 있음을 명시한다. 이는 입법기관으로서 국회가 자체적인 운영규칙을 마련하여 효율적으로 기능할 수 있는 독립성을 보장하는 것이다.

두 번째 항은 국회가 의원의 자격을 심사하고, 필요한 경우 의원을 징계할 수 있는 권한을 가진다는 뜻이다. 이는 의원이 그들의 직무를 적절히 수행하는지 감시하고, 의회 내에서의 품위와 규칙을 유지하기 위한 중요한 조치이다.

세 번째 항은 의원을 제명하려면 국회 재적 의원의 3분의 2 이상의 찬성이 필요하다고 규정한다. 이는 단순한 다수의 의견보다 훨씬 더 큰 합의가 필요함을 보여주며, 제명이라는 중대한 결정이 신중하게 이루어지도록 한다.

마지막으로, 국회의 내부 징계 결정은 법원의 재판 대상이 되지 않음을 명확히 한다. 이는 의회의 독립성을 강화하고, 의회 자체의 결정에 대한 최종적인 책임을 의회 스스로가 지도록 함으로써 입법부의 자율성과 권위를 보장한다.

위 조항들은 국회가 자신의 의사결정과 내부 규율을 독립적으로 관리할 수 있는 권한을 부여함으로써 효과적이고 독립적인 입법 기관으로서의 기능을 수행하도록 설계되었다. 이 규정들은 의회 민주주의의 중요한 기반을 형성하고 국회의 운영을 더욱 투명하고 책임 있게 만드는 데 기여한다.

Rewriting

065

탄핵소추권

① 대통령·국무총리·국무위원·행정각부의 장·헌법재판소 재판관·법관·중앙선거관리위원회 위원·감사원장·감사위원 기타 법률이 정한 공무원이 그 직무 집행에 있어서 헌법이나 법률을 위배한 때에는 국회는 탄핵의 소추를 의결할 수 있다.

② 제1항의 탄핵소추는 국회재적의원 3분의 1이상의 발의가 있어야 하며, 그 의결은 국회재적의원 과반수의 찬성이 있어야 한다. 다만, 대통령에 대한 탄핵소추는 국회재적의원 과반수의 발의와 국회재적의원 3분의 2이상의 찬성이 있어야 한다.

첫 항에서는 탄핵 대상이 될 수 있는 공직자 범위를 명시하고, 그들이 직무 집행 중 헌법이나 법률을 위반했을 경우 탄핵의 소추를 의결할 수 있음을 규정한다. 이는 공직자의 권한 남용이나 법적 의무의 위반을 방지하는 중요한 수단이 된다.

두 번째 항은 탄핵 소추의 구체적인 절차를 설명한다. 국회 재적 의원 3분의 1 이상의 발의가 필요하며 의결은 국회 재적 의원 과반수의 찬성을 얻어야 한다. 탄핵은 극히 심각하고 중대한 결정이기 때문에 단순 다수에 의한 정치적 남용을 방지하기 위함이다. 특히, 대통령에 대한 탄핵 소추는 더 엄격한 요구 사항을 필요로 한다. 대통령의 경우 국회 재적의원 과반수의 발의와 3분의 2 이상의 찬성이 필요한데, 이는 대통령이 국가의 상징이자 최고 집행관으로서 탄핵은 더욱 신중하게 이루어져야 함을 의미한다.

이 같은 조항은 국가의 고위 공무원들에게 높은 도덕적 및 법적 표준을 요구하며 그들이 법과 헌법에 위반되는 행위를 할 경우, 그에 대한 책임을 물을 수 있는 제도적 장치를 마련함으로써 투명성과 책임성을 강화한다. 탄핵 절차의 명확한 규정은 또한 민주주의의 기본 원칙 중 하나인 법 앞의 평등을 실현하는 데 중요한 역할을 할 것이다.

Rewriting

065 탄핵소추권

③ 탄핵소추의 의결을 받은 자는 탄핵심판이 있을 때까지 그 권한행사가 정지된다.

④ 탄핵결정은 공직으로부터 파면함에 그친다. 그러나, 이에 의하여 민사상이나 형사상의 책임이 면제되지는 아니한다.

셋째 항에서는 탄핵 소추의 의결을 받은 공직자는 탄핵 심판이 진행되는 동안 그의 권한 행사가 정지된다고 규정하고 있다. 탄핵 대상이 된 공직자가 심판이 진행되는 동안 계속해서 직무를 수행할 때 발생할 수 있는 더 큰 피해나 부정을 방지하기 위함이다. 즉, 공정한 심판을 보장할 뿐 아니라, 탄핵 사유가 진실이라면 추가적인 피해를 방지하기 위한 조치로 볼 수 있다.

네 번째 항은 탄핵 결정의 결과에 대해 설명하고 있다. 탄핵에 의한 결정은 공직으로부터의 파면에 그치며, 이는 해당 공직자가 공직에서 제거된다는 것을 뜻한다. 그러나 중요한 점은 공직에서의 파면이 해당 개인에 대한 민사상 또는 형사상의 책임을 면제하지는 않는다는 것이다. 즉, 탄핵은 직무에서의 해임을 의미하지만 그들이 행한 법률 위반 행위에 대해서는 별도의 민사 또는 형사 소송을 통해 책임을 물을 수 있다. 이 규정은 탄핵이 법적 책임의 종결이 아닌, 시작일 수 있음을 명시하여 공직자가 자신의 행위에 대해 전면적인 책임을 질 수 있도록 한다.

이러한 조항은 공직자의 탄핵이 단순한 징계를 넘어 법의 지배를 확인하고 공직의 투명성과 책임을 확립하는 데 기여하는 중요한 법적 도구임을 강조한다. 아울러 민주적인 거버넌스와 법적 정의가 어떻게 유지되어야 하는지에 대한 명확한 예를 제시하고 있다.

Rewriting

04장

정부

제1절 대통령

066

대통령의 지위 및 책무 등

① 대통령은 국가의 원수이며, 외국에 대하여 국가를 대표한다.

② 대통령은 국가의 독립·영토의 보전·국가의 계속성과 헌법을 수호할 책무를 진다.

③ 대통령은 조국의 평화적 통일을 위한 성실한 의무를 진다.

④ 행정권은 대통령을 수반으로 하는 정부에 속한다.

첫 번째 항은 대통령이 국가의 원수이며 외국에 대하여 국가를 대표한다는 점을 명시한다. 이는 대통령이 국제적인 관계에서 국가의 이익을 대변하고 외교 정책을 주도해야 한다는 책임을 강조하는 것이다. 대통령은 국가의 얼굴로서 다른 국가들과의 공식적인 교류와 협상에서 중심 역할을 한다.

두 번째 항은 대통령의 국내적 책무에 주안점을 두고 있다. 대통령은 국가의 독립, 영토의 보전, 국가의 계속성 및 헌법을 수호할 책임이 있다. 즉, 대통령이 국가의 안보와 헌법적 가치를 지키고 국가의 정체성과 안정성을 유지하는 데 중심적인 역할을 해야 한다는 것이다.

세 번째 항은 대통령에게 조국의 평화적 통일을 위한 성실한 의무를 부과한다. 이 조항은 특히 남북한과 같이 분단된 국가에서 평화적 통일을 목표로 하는 중대한 국가적 과제에 대한 대통령의 역할을 강조한다. 즉, 대통령이 통일 관련 정책을 성실하게 추진하고 이를 위한 다양한 노력을 기울여야 함을 명시하는 것이다.

끝으로 행정 권한은 대통령을 수반으로 하는 정부에 속한다는 조항이다. 대통령이 정부의 최고 집행 책임자로서 행정권의 핵심을 이루고 정부의 다양한 행정 활동과 정책 집행에 있어 중추적인 역할을 수행함을 뜻한다. 대통령은 각종 정책의 시행과 정부 기능의 조정을 지휘하고 감독한다.

Rewriting

067 대통령의 선거 및 피선거권

① 대통령은 국민의 보통·평등·직접·비밀선거에 의하여 선출한다.

② 제1항의 선거에 있어서 최고득표자가 2인 이상인 때에는 국회의 재적의원 과반수가 출석한 공개회의에서 다수표를 얻은 자를 당선자로 한다.

대한민국 대통령 선거의 기본 원칙과 특수 상황에서의 선거 절차를 규정하고 있다.

첫 항은 대통령이 국민의 보통, 평등, 직접, 비밀선거에 의해 선출된다고 규정한다. '보통선거'는 모든 성인 시민이 선거권을 가진다는 것을 의미하고, '평등선거'는 모든 투표가 동등한 가치를 가짐을 나타낸다. '직접선거'는 선거인이 중간 대표 없이 직접 대통령을 선출한다는 것을 의미하며 '비밀선거'는 유권자가 자신의 선택을 비밀리에 할수 있음을 보장한다. 이 네 가지 원칙은 민주적 선거의 핵심적인 요소로, 공정하고 자유로운 선거 환경을 제공하는 데 필수이다.

두 번째 항은 선거에서 최고득표자가 두 명 이상일 경우 즉, 누구도 과반수의 표를 얻지 못해 당선자를 결정짓지 못하는 상황을 대비한 규정이다. 이 경우 국회의 재적의원 과반수가 출석한 공개회의에서 다수표를 얻은 자를 당선자로 결정한다. 이는 매우 특별한 상황에서 적용되는 규정으로, 선거에서 명확한 승자가 도출되지 않을 때에 대한 해결책을 제공한다. 국회가 특정 상황에서 중요한 역할을 수행하고 대통령 선거의 결정권을 가질 수 있음을 보여준다.

위 조항은 대통령 선거가 얼마나 중요한 민주적 과정인지 강조하고, 선거가 공정하게 진행되어야 한다는 점을 재확인하고 있다. 또한, 예상치 못한 상황에서의 선거 결과 처리 방법을 제시함으로써 선거 과정의 투명성과 정당성을 유지하려는 헌법적 노력을 반영한다.

Rewriting

067 대통령의 선거 및 피선거권

③ 대통령후보자가 1인일 때에는 그 득표수가 선거권자 총수의 3분의 1 이상이 아니면 대통령으로 당선될 수 없다.

④ 대통령으로 선거될 수 있는 자는 국회의원의 피선거권이 있고 선거일 현재 40세에 달하여야 한다.

⑤ 대통령의 선거에 관한 사항은 법률로 정한다.

세 번째 항은 대통령 후보자가 단 한 명일 경우의 선거 결과 처리 방식을 명시한다. 이 조항에 따르면, 단독 후보자가 선거에서 승리하려면 선거권자 총수의 적어도 3분의 1 이상의 득표를 얻어야 한다. 이는 대통령으로서의 당선을 위해 일정 수준의 지지가 필요함을 보여주며 광범위한 지지 없이 고위 공직에 오르는 것을 방지하려는 의도를 반영한다.

네 번째 항은 대통령으로 선거될 수 있는 자의 자격 요건을 규정하고 있다. 후보가 되려면 국회의원의 피선거권을 갖추어야 하며, 선거일 현재 40세 이상이어야 한다. 이는 대통령 후보자로서 일정 수준의 정치적 경험과 성숙함을 요구하는 조건이다.

다섯 번째 항은 대통령 선거와 관련된 사항을 법률로 정하도록 한다. 이는 대통령 선거 절차의 세부적인 사항들이 법률을 통해 구체적으로 정해짐을 의미하며, 이를 통해 선거의 공정성과 정확성을 보장하는 법적 틀을 마련한다.

이 조항들은 대통령 선거가 공정하고 투명하게 진행되도록 하며, 후보자의 자격과 선거 과정에 대한 엄격한 기준을 설정한다. 이는 대통령이 국민의 폭넓은 지지를 받아 국가를 대표하고 이끌어갈 수 있는 권한을 부여받음을 보장하는 중요한 조치다.

Rewriting

068

대통령 선거의 시기 및 보궐

① 대통령의 임기가 만료되는 때에는 임기만료 70일 내지 40일 전에 후임자를 선거한다.

② 대통령이 궐위된 때 또는 대통령 당선자가 사망하거나 판결 기타의 사유로 그 자격을 상실한 때에는 60일 이내에 후임자를 선거한다.

대통령의 임기 만료가 예정된 경우, 후임자 선출을 위한 선거는 임기 만료 70일 전부터 40일 전 사이에 실시되어야 한다. 선거 준비와 진행에 충분한 시간을 보장함으로써 정권 교체가 원활하게 이루어질 수 있도록 하기 위함이다. ②번 조항은 대통령의 자리가 비게 되었을 때, 이를테면 대통령이 사망하거나, 판결이나 다른 법적 절차에 의해 자격을 상실한 경우를 포함하여 궐위된 상황을 다루는데, 이때 새로운 대통령을 선출하기 위한 선거는 사건 발생 후 60일 이내에 이루어져야 한다.

069

대통령 취임선서

대통령은 취임에 즈음하여 다음의 선서를 한다.

"나는 헌법을 준수하고 국가를 보위하며 조국의 평화적 통일과 국민의 자유와 복리의 증진 및 민족문화의 창달에 노력하여 대통령으로서의 직책을 성실히 수행할 것을 국민 앞에 엄숙히 선서합니다."

이 선서는 대통령이 국민 앞에 하는 약속으로서, 그의 행동과 정책 결정 과정에서 이러한 원칙이 지켜지는지를 국민이 감시할 수 있는 기준을 제공하는가 하면, 대통령의 정치적, 법적, 도덕적 책임을 상기시키는 역할을 하며, 대통령 스스로도 이를 내면화하여 국가와 국민을 위한 헌신적 리더십을 발휘하도록 독려한다.

Rewriting

068

_____

_____

_____

_____

_____

_____

_____

_____

Rewriting

069

_____

_____

_____

_____

_____

_____

_____

_____

070

대통령의 임기

대통령의 임기는 5년으로 하며, 중임할 수 없다.

임기 5년의 설정은 대통령이 장기적인 정책을 수립하고 실행할 충분한 시간을 제공한다. 대통령에게 안정적인 집권 기간을 보장하며, 이 기간 동안 국가 정책의 일관성과 연속성을 유지할 수 있도록 한다. 또한 중임 금지는 대통령이 한 번의 임기를 마친 후 다시 선거에 출마할 수 없다는 뜻. 이 조항은 권력의 집중을 방지하고 권력의 남용을 억제하는 데 중요한 역할을 한다. 아울러 정치적 리더십의 다양화를 촉진하고 다양한 인물이 국가 최고 지도자로서 기회를 갖도록 함으로써 정치적 혁신을 장려한다.

071

대통령 권한대행

대통령이 궐위되거나 사고로 인하여 직무를 수행할 수 없을 때에는 국무총리, 법률이 정한 국무위원의 순서로 그 권한을 대행한다.

국무총리의 권한 대행은 체계적인 권력 이양을 보장하며, 대통령의 부재 시 국가 운영의 공백을 최소화한다. 국무총리는 대통령에 이어 정부의 두 번째로 고위직이므로, 정책의 일관성과 행정의 연속성을 유지하는 데 적합한 위치에 있다.

법률이 정한 국무위원의 순서로 권한을 대행하는 규정은, 국무총리가 궐위되거나 사고로 직무를 수행할 수 없는 상황을 대비한 것이다. 이는 체계적이고 명확한 권한 대행 순서를 통해 정부의 안정성을 유지하고, 긴급 상황에서도 효율적인 의사결정이 이루어질 수 있도록 보장한다.

Rewriting

070

Rewriting

071

072

제72조

국민투표

대통령은 필요하다고 인정할 때에는 외교·국방·통일 기타 국가안위에 관한 중요 정책을 국민투표에 붙일 수 있다.

대통령이 국민투표를 요청할 수 있는 권한은 특히 중대하고 긴박한 국가적 이슈에 대해 국민의 직접적인 의견을 구하는 수단으로 활용된다. 이는 국민의 동의와 지지를 바탕으로 정책을 진행함으로써 정책의 정당성과 효력을 강화하고, 국민과의 소통을 통한 정치적 합의를 이루는 데 기여한다. 대통령이 국민투표를 발의할 수 있는 주제는 외교, 국방, 통일과 같이 국가의 기본 안위와 직결된 중요한 정책에 한정된다. 즉, 각 정책이 국가의 안전, 독립, 통합과 직접적으로 관련되어 있을 때만 국민투표의 대상이 될 수 있다는 것이다.

073

제73조

외교 등

대통령은 조약을 체결·비준하고, 외교사절을 신임·접수 또는 파견하며, 선전포고와 강화를 한다.

대통령은 국가 간의 법적 합의인 조약을 체결하고 비준할 권한을 가진다. 조약 체결은 국제법에 따른 국가 간의 약속이며, 비준 과정을 통해 내부적으로 조약의 효력을 확정한다. 이 과정은 국가의 국제적 의무와 권리를 규정하는 데 중요한 역할을 한다. 아울러 대통령은 외국의 외교사절을 공식적으로 접수하고, 자국의 외교사절을 다른 국가에 파견하는데, 이 권한을 통해 대통령은 국제 관계의 직접적인 관리자로서 기능하며 국가 간의 외교 관계를 조율하고 유지한다.

Rewriting

Rewriting

074

국군통수권 등

① 대통령은 헌법과 법률이 정하는 바에 의하여 국군을 통수한다.

② 국군의 조직과 편성은 법률로 정한다.

> 대통령이 국가의 최고 군사 지휘관으로서의 역할을 수행하고 국군의 운영과 관련된 모든 주요 결정에 대한 최종 책임을 지닌다는 것을 의미한다. 통수권의 행사는 국가의 안보와 관련된 중대사항에서 중추적인 역할을 하는데, 이는 대통령이 군사적 결정과 정책을 적법하고 효과적으로 지휘할 수 있도록 하는 법적 근거를 제공한다. 또한 국군의 조직과 편성은 법률로 정한다. 이 규정은 국군의 기본적인 구조와 운영 방식을 법률에 의해 정하도록 함으로써 군 조직의 투명성과 책임성을 강화한다. 군의 조직과 편성을 법률로 정하는 것은 국회가 군사 정책과 관련된 중요 결정에 참여함으로써 민주적 감시와 균형을 이루는 데 중요한 역할을 한다.

075

대통령령

대통령은 법률에서 구체적으로 범위를 정하여 위임받은 사항과 법률을 집행하기 위하여 필요한 사항에 관하여 대통령령을 발할 수 있다.

> 대통령은 법률로 명확하게 정의된 범위 내에서만 행정명령을 발할 수 있다. 법률이 대통령에게 특정한 권한을 위임한 경우, 대통령은 이러한 위임된 권한에 근거하여 대통령령을 통해 필요한 조치를 취할 수 있다.
>
> 대통령령은 법률을 효과적으로 실행하기 위해 필요한 경우에도 사용될 수 있다. 이는 대통령이 법률의 목적과 의도를 구현하기 위해 구체적인 행정 절차나 기준을 설정할 수 있도록 허용하는 것으로, 법률의 일상적인 집행을 위해 세부적인 규정을 마련할 수 있는 권한을 제공한다.

Rewriting

074

Rewriting

075

---

076 긴급처분 및 명령권

① 대통령은 내우·외환·천재·지변 또는 중대한 재정·경제상의 위기에 있어서 국가의 안전보장 또는 공공의 안녕질서를 유지하기 위하여 긴급한 조치가 필요하고 국회의 집회를 기다릴 여유가 없을 때에 한하여 최소한으로 필요한 재정·경제상의 처분을 하거나 이에 관하여 법률의 효력을 가지는 명령을 발할 수 있다.

② 대통령은 국가의 안위에 관계되는 중대한 교전상태에 있어서 국가를 보위하기 위하여 긴급한 조치가 필요하고 국회의 집회가 불가능한 때에 한하여 법률의 효력을 가지는 명령을 발할 수 있다.

내우, 외환, 천재, 지변 또는 중대한 재정·경제상의 위기에 대한 대통령의 권한은 내부 불안, 외부 위협, 자연재해, 중대한 재정 또는 경제 위기와 같이 비상한 상황에서 대통령이 국회의 집회를 기다릴 수 없을 때 긴급한 재정이나 경제상의 처분을 할 수 있도록 허용한다. 이러한 명령은 위기 상황을 효과적으로 관리하고 빠른 대응을 가능하게 하는 최소한의 조치로 제한된다. 아울러 국가의 긴급 상황에 신속하게 대응할 수 있는 법적 수단을 대통령에게 제공함으로써 국가 안정과 시민의 안전을 보호하는 데 중요한 조항이다.

둘째 조항은 국가가 중대한 교전 상태에 있고, 국회의 집회가 불가능할 때 국가를 보위하기 위해 필요한 긴급 조치를 대통령이 취할 수 있도록 한다. 여기서도 대통령은 법률의 효력을 가지는 명령을 발할 수 있는데 이는 국가의 안위를 지키기 위한 긴급하고 필수적인 조치에 한정된다. 이러한 권한의 행사는 국가의 생존과 국민의 생명을 보호하는 중요한 목적을 달성하기 위해 필요한 경우에만 정당화된다.

Rewriting

076

긴급처분 및 명령권

③ 대통령은 제1항과 제2항의 처분 또는 명령을 한 때에는 지체없이 국회에 보고하여 그 승인을 얻어야 한다.

④ 제3항의 승인을 얻지 못한 때에는 그 처분 또는 명령은 그때부터 효력을 상실한다. 이 경우 그 명령에 의하여 개정 또는 폐지되었던 법률은 그 명령이 승인을 얻지 못한 때부터 당연히 효력을 회복한다.

⑤ 대통령은 제3항과 제4항의 사유를 지체없이 공포하여야 한다.

③ **국회 보고 및 승인 요구**_대통령이 제1항과 제2항에 따라 긴급 처분이나 명령을 내릴 때, 대통령은 그 조치를 지체없이 국회에 보고하고 국회의 승인을 얻어야 한다. 이는 대통령의 긴급한 조치가 장기적으로 국가의 법률 체계와 민주적 절차에 부합하도록 하기 위함이다. 국회의 승인 과정은 긴급 조치가 국민의 대표 기관에 의해 검토되고 필요에 따라 조정될 수 있는 기회를 제공한다.

④ **승인 미획득 시 효력 상실**_대통령의 긴급 처분이나 명령이 국회의 승인을 얻지 못할 경우, 그 조치는 자동적으로 효력을 상실한다. 또한 해당 명령에 의해 개정되거나 폐지되었던 법률은 명령이 승인되지 않은 순간부터 자동적으로 원래의 효력을 회복한다. 이 규정은 긴급 조치가 민주적 기준에 부합하지 않을 경우에 대한 명확한 후속 조치를 제공하고 법의 지속성과 안정성을 보장한다.

⑤ **공포의 의무**_대통령은 제3항과 제4항에 따른 사유를 공포해야 한다. 이는 국민이 대통령의 긴급 조치와 이에 대한 국회의 승인 여부를 명확하게 알 수 있도록 투명성을 확보하는 조치다. 공포는 국민에게 정보를 제공하고, 대통령의 조치가 국가의 법률적, 민주적 기준에 따라 이루어졌는지를 공개적으로 검증받을 수 있는 기회를 마련한다.

077

계엄선포 등

① 대통령은 전시·사변 또는 이에 준하는 국가비상사태에 있어서 병력으로써 군사상의 필요에 응하거나 공공의 안녕질서를 유지할 필요가 있을 때에는 법률이 정하는 바에 의하여 계엄을 선포할 수 있다.

② 계엄은 비상계엄과 경비계엄으로 한다.

대통령은 법률이 정한 바에 따라 중대한 국가 위기 상황에서 계엄을 선포할 수 있는 권한을 가진다. 이 권한은 국가의 안전이나 공공의 안녕을 위협하는 상황에서만 사용되며, 법률에 명시된 절차와 기준에 따라 엄격히 통제된다.

계엄에는 비상계엄과 경비계엄의 두 유형이 있으며, 각각의 사용은 그 상황의 심각성에 따라 다르다. 비상계엄은 국가의 심각한 내부 또는 외부 위험에 대응하고, 경비계엄은 상대적으로 덜 긴박한 지역적 불안정이나 소규모 사변에 적용된다. 이러한 계엄 선포는 대통령에게 막대한 권한을 부여하지만 그 행사는 법적인 통제 하에 이루어진다.

Rewriting

077 계엄선포 등

③ 비상계엄이 선포된 때에는 법률이 정하는 바에 의하여 영장제도, 언론·출판·집회·결사의 자유, 정부나 법원의 권한에 관하여 특별한 조치를 할 수 있다.

④ 계엄을 선포한 때에는 대통령은 지체없이 국회에 통고하여야 한다.

⑤ 국회가 재적의원 과반수의 찬성으로 계엄의 해제를 요구한 때에는 대통령은 이를 해제하여야 한다.

③ 비상계엄 시의 특별 조치_비상계엄이 선포된 경우, 법률이 정하는 바에 따라 일시적으로 일부 기본권을 제한할 수 있는 특별 조치를 취할 수 있다. 이러한 조치에는 영장제도의 변경, 언론·출판·집회·결사의 자유의 제한, 그리고 정부나 법원의 권한에 관한 변경이 포함될 수 있다. 이는 국가의 안전을 확보하고 위기 상황을 효과적으로 관리하기 위한 임시적인 조치로서, 법률에 의해 엄격히 규정되고 통제된다.

④ 계엄 선포 후 국회 통고_계엄을 선포한 대통령은 지체 없이 이 사실을 국회에 통고해야 한다. 계엄 선포의 투명성을 보장하고 국회의 감시 및 검토 기능을 활성화하는 데 필요하기 때문. 국회 통고는 국회가 계엄 상황을 인지하고 필요한 조치를 취할 수 있도록 하는 중요한 절차다.

⑤ 계엄 해제의 요구와 의무_국회가 재적 의원 과반수의 찬성으로 계엄의 해제를 요구한 경우, 대통령은 계엄을 해제해야 한다. 이 규정은 국회에 계엄 상태의 지속 여부에 대한 중요한 발언권을 부여하며 계엄 해제 요구가 있을 때 대통령이 이를 수행해야 하는 법적 의무를 명확히 한다. 이는 국가의 비상 상황 관리가 민주적 통제를 받고, 필요 이상으로 기본권이 제한되는 것을 방지하는 데 기여한다.

Rewriting

078

공무원 임면권

대통령은 헌법과 법률이 정하는 바에 의하여 공무원을 임면한다.

대통령은 국가 행정 기관의 원활한 운영을 보장하기 위해 필요한 공무원을 임명하고 면직할 수 있는 권한을 가진다. 대통령이 행정부의 책임자로서 효율적이고 효과적인 행정을 지휘하기 위해 중요한 권한으로, 이는 헌법과 법률에 의해 규정되어 있다. 법률은 대통령이 공무원을 임면할 때 따라야 할 절차, 조건 및 제한을 명시하고 있다. 예를 들어 일부 고위 공무원의 경우, 임명에는 국회의 동의가 필요할 수 있다.

공무원 임면 과정에서의 법적 기준과 절차 준수는 행정의 중립성과 객관성을 보장하는 데 중요하다. 이는 공무원 체계가 정치적 영향력으로부터 독립적이어야 하고, 모든 공무원이 법과 원칙에 따라 공정하게 임명되고 해임되어야 한다는 원칙을 강조한다.

079

사면권

① 대통령은 법률이 정하는 바에 의하여 사면·감형 또는 복권을 명할 수 있다.

② 일반사면을 명하려면 국회의 동의를 얻어야 한다.

③ 사면·감형 및 복권에 관한 사항은 법률로 정한다.

대통령이 법률에 따라 사면, 감형, 또는 복권을 명할 수 있는 권한을 명시하고 일반사면을 명할 때는 국회의 동의가 필요함을 규정한다. 또한 사면, 감형, 복권에 관한 모든 사항을 법률로 정하도록 하여 대통령의 권한 행사에 대한 법적 통제와 절차를 강조하고 있다. 법치주의 원칙을 유지하며 권력의 남용을 방지하는 데 중요한 조항이다.

Rewriting　

078

079

080

영전수여권

대통령은 법률이 정하는 바에 의하여 훈장 기타의 영전을 수여한다.

영전 수여의 법적 기준_대통령에게 부여된 훈장 및 영전 수여 권한은 국가를 대표하여 개인이나 단체의 공로를 공식적으로 인정하고 그 가치를 치하하기 위한 것이다. 법률에 의해 정해진 기준과 절차를 따르는 이 규정은, 수여 대상의 선정과 수여 방식을 체계적이고 공정하게 관리하기 위한 법적 틀을 제공한다.

투명성과 공정성의 중요성_이 권한의 행사는 투명하고 공정하게 이루어져야 하며, 수여 대상이 법률에서 정한 자격 기준과 성과를 충족하는지를 엄격히 검토하는 과정을 포함해야 한다. 이는 영전 수여가 단순한 명예의 부여를 넘어 국가적인 가치와 이상을 대표하고, 다른 시민들에게 본보기가 되도록 하는 중요한 기능을 한다는 약속이다.

081

국회에 관한 의사표시

대통령은 국회에 출석하여 발언하거나 서한으로 의견을 표시할 수 있다.

대통령이 국회에 출석하여 발언하는 것은 직접적인 의사소통 수단으로, 대통령이 중요한 국가 정책, 계획, 또는 특정 이슈에 대해 국회와 국민에게 직접 설명하고 입법부의 지지나 협력을 요청하는 기회를 제공한다. 이는 대통령이 국정에 대한 책임을 지고 국회와 소통하는 과정에서 투명성을 보장한다. 또한 대통령은 국회에 직접 출석하지 않고 서한을 통해 의견을 표시할 수도 있다. 이 방법은 대통령이 물리적으로 국회에 참석할 수 없거나, 서면으로 의견을 제출하는 것이 적절한 상황에서 활용될 수 있다. 서한을 통한 의견 표시는 공식적이며 문서화되어 추후 참조가 가능하다는 장점이 있다.

Rewriting

080

Rewriting

081

082

국법상 행위

대통령의 국법상 행위는 문서로써 하며, 이 문서에는 국무총리와 관계 국무위원이 부서한다. 군사에 관한 것도 또한 같다.

대통령의 모든 중요한 국법상 행위가 문서로 이루어진다는 점은 행위의 공식성과 법적 효력을 강조한다. 이러한 절차는 행정 행위의 투명성을 높이고 정책 결정 과정에서의 기록을 남겨 추후 검토나 문제 발생 시 책임 소재를 명확히 하는 데 도움을 준다. 아울러 국무총리와 관련 국무위원의 서명 요구는, 대통령의 결정이 단독으로 이루어지지 않고 시행에 앞서 다른 고위 정부 관리들의 검토와 동의를 필요로 한다는 것을 뜻한다. 이는 정책의 합리성과 정당성을 높이며 정부 내에서의 협력과 균형을 촉진한다. 군사적 권한의 행사에 대한 민간 통제를 강화하고, 국가 안보와 관련된 중대한 결정 또한 투명하고 책임 있는 방식으로 이루어져야 한다.

083

겸직금지

대통령은 국무총리·국무위원·행정각부의 장 기타 법률이 정하는 공사의 직을 겸할 수 없다.

대통령이 국무총리, 국무위원, 행정각부의 장, 그리고 법률이 정하는 기타 공사의 직을 겸할 수 없다는 이 조항은, 대통령의 역할을 순수하게 국가의 리더십과 최상위 결정권에 집중시키는 것을 목적으로 한다. 즉, 대통령이 다른 정부 직책의 영향력으로부터 자유롭게 독립적인 판단을 내릴 수 있도록 보장하고 정책 결정 과정에서의 편향성이나 이해 충돌의 가능성을 줄이려는 것이다. 이러한 겸직금지는 행정 권력이 한 사람 또는 소수에게 집중되는 것을 방지하고 권력 분산을 통한 민주적 감시와 균형을 유지하는가 하면, 대통령의 직무 수행이 투명하고 공정하게 이루어지도록 하며 다른 정부 기관과의 책임 구분을 명확히 하기 위함이다.

Rewriting

082

Rewriting

083

084

제84조
형사상 특권

대통령은 내란 또는 외환의 죄를 범한 경우를 제외하고는 재직 중 형사상의 소추를 받지 아니한다.

면책 특권은 대통령이 직무 수행 중에 정치적 보복이나 불필요한 법적 방해에 의해 국정 운영이 영향을 받는 것을 방지하기 위해 부여된다. 대통령이 국가의 최고 집행 책임자로서 효과적으로 역할을 수행하는 데 매우 중요한 법적 근거이다. 반면, 내란 또는 외환의 죄에 대해서는 대통령도 면책되지 않는다는 조항은 국가의 안보와 질서를 해치는 중대한 범죄를 두고는 대통령도 예외 없이 법의 적용을 받아야 한다는 원칙을 명확히 하고 있다. 중대 범죄에 대한 엄정한 법적 처벌 가능성을 통해 권력 남용을 방지하려는 의도를 나타낸다.

085

제85조
전직 대통령의 신분과 예우

전직 대통령의 신분과 예우에 관하여는 법률로 정한다.

전직 대통령의 권리와 의무, 그리고 그에 따른 예우를 규정하는 법률적 기초를 제공한다. 전직 대통령은 국가를 대표하는 최고 지도자로서 임기를 마친 후에도 일정한 예우를 받는 것이 타당하므로 이러한 예우의 법적 근거를 명확히 하여, 전직 대통령의 신분이 국가와 사회에 미치는 영향을 고려한 제도적 장치를 마련하는 것이다. 전직 대통령의 신분과 예우에 관한 법률적 규정은 단순한 명예의 문제가 아니라, 국가의 지속적인 발전과 안정을 위한 중요한 제도적 장치라 할 수 있다. 결국 85조는 전직 대통령이 국가와 국민을 위해 봉사한 공로를 인정하고, 그들의 경험과 지식을 국가의 발전을 위해 지속적으로 활용할 수 있도록 하는 법적 기반을 제공한다.

Rewriting

Rewriting

04장

정부

제2절 행정부

제86조

국무총리

① 국무총리는 국회의 동의를 얻어 대통령이 임명한다.

② 국무총리는 대통령을 보좌하며, 행정에 관하여 대통령의 명을 받아 행정각부를 통할한다.

③ 군인은 현역을 면한 후가 아니면 국무총리로 임명될 수 없다.

첫째, "국무총리는 국회의 동의를 얻어 대통령이 임명한다"는 조항은 국무총리 임명 과정에서의 민주적 절차를 강조한다. 즉 대통령의 권한 남용을 방지하고, 국회의 견제 와 균형 역할을 강화하기 위한 장치라 할 수 있다. 국회의 동의 절차는 국무총리 후보 자의 자질과 능력을 검증하는 중요한 과정으로, 이를 통해 행정부의 수장이 국민의 대 표 기관인 국회의 검증을 받게 된다.

둘째, "국무총리는 대통령을 보좌하며, 행정에 관하여 대통령의 명을 받아 행정각부를 통할한다"는 국무총리의 주요 역할과 책임을 규정하고 있다. 국무총리는 대통령의 행 정 업무를 지원하고, 행정각부의 업무를 조정하며 통할하는 역할을 맡는다. 이는 행정 부의 효율적인 운영을 위해 필수적인 역할로, 대통령의 정책을 실행하고 각 부처 간의 조율을 통해 국가 행정의 일관성을 유지한다.

셋째, "군인은 현역을 면한 후가 아니면 국무총리로 임명될 수 없다"는 조항은 군의 정 치 개입을 방지하고, 민간 통치의 원칙을 유지하기 위한 규정이다. 이는 군의 중립성을 보장하고, 군사적 권력이 정치적 권력과 분리되도록 하는 데 목적이 있다. 현역 군인이 국무총리로 임명되는 것을 제한함으로써, 군사와 정치의 분리 원칙을 확고히 하고, 민 주적 통치의 근간을 유지하려는 의도이다.

제87조

국무위원

① 국무위원은 국무총리의 제청으로 대통령이 임명한다.

② 국무위원은 국정에 관하여 대통령을 보좌하며, 국무회의의 구성원으로서 국정을 심의한다.

③ 국무총리는 국무위원의 해임을 대통령에게 건의할 수 있다.

④ 군인은 현역을 면한 후가 아니면 국무위원으로 임명될 수 없다.

첫째 조항은 국무위원 임명 과정에서의 협력적 절차를 강조한다. 국무총리가 국무위원 후보자를 제청하고, 대통령이 이를 임명함으로써 두 권력 간의 협조와 균형을 도모한다. 이러한 절차는 국무위원의 자격과 능력을 검토하는 과정에서 대통령과 국무총리의 협력을 요구하며, 이를 통해 보다 신중하고 공정한 임명을 보장한다.

둘째 조항은 국무위원의 주요 역할과 책임을 규정한다. 국무위원은 대통령을 도와 국정 운영에 참여하며, 국무회의의 일원으로서 중요한 정책 결정과 국정 심의에 기여한다.

셋째, "국무총리는 국무위원의 해임을 대통령에게 건의할 수 있다"는 조항은 국무위원 해임 절차에서 국무총리의 역할을 강조한다. 이는 국무총리가 국무위원의 직무 수행 능력이나 기타 이유로 해임이 필요하다고 판단될 경우, 대통령에게 해임을 건의할 수 있는 권한을 부여함으로써 행정부의 책임성과 유연성을 보장한다. 이 절차는 국무위원이 직무를 성실히 수행하도록 하는 동기부여가 되며, 문제 발생 시 신속한 대응을 가능하게 한다.

넷째, "군인은 현역을 면한 후가 아니면 국무위원으로 임명될 수 없다"는 군의 정치 개입을 방지하고 민간 통치의 원칙을 유지하기 위한 규정이다. 이는 군의 중립성을 보장하고, 군사적 권력이 정치적 권력과 분리되도록 하는 데 목적이 있다. 현역 군인이 국무위원으로 임명되는 것을 제한함으로써 군사와 정치의 분리 원칙을 확고히 하고 민주적 통치의 근간을 유지하려는 의도이다.

Rewriting

088

제88조

권한과 구성

① 국무회의는 정부의 권한에 속하는 중요한 정책을 심의한다.

② 국무회의는 대통령·국무총리와 15인 이상 30인 이하의 국무위원으로 구성한다.

③ 대통령은 국무회의의 의장이 되고, 국무총리는 부의장이 된다.

첫째, "국무회의는 정부의 권한에 속하는 중요한 정책을 심의한다"는 국무회의의 핵심 역할을 규정하고 있다. 국무회의는 국가의 중요한 정책을 심의하는 최고 의사결정 기구로서 정부의 정책 방향을 결정하고 주요 사안을 논의하는 기능을 수행한다. 이를 통해 국무회의는 행정부의 일관성 있고 효율적인 정책 집행을 보장하며 다양한 의견을 반영한 종합적이고 신중한 정책 결정을 가능하게 한다.

둘째, "국무회의는 대통령·국무총리와 15인 이상 30인 이하의 국무위원으로 구성한다"는 조항은 국무회의의 구성 방식을 명확히 하고 있다. 대통령과 국무총리 외에도 15인 이상 30인 이하의 국무위원이 포함되며, 이는 각 부처의 장관이나 주요 행정 관료들이 포함된다. 이러한 구성은 다양한 분야의 전문가와 고위 공직자들이 참여하여 국정 운영의 전문성과 효율성을 높이는 데 기여한다. 또한 국무회의 구성원의 수를 명시함으로써 회의의 효율성과 집중도를 유지하고자 한다.

셋째, "대통령은 국무회의의 의장이 되고, 국무총리는 부의장이 된다"는 조항은 국무회의에서의 지도 체계를 규정한다. 대통령이 의장으로서 회의를 주재하고, 국무총리는 부의장으로서 대통령을 보좌한다. 이는 대통령이 국정 운영의 최고 책임자로서 중요한 정책 결정에 직접 관여하고, 국무총리가 이를 지원하며 조율하는 역할을 명확히 한다. 이러한 체계는 국정 운영의 일관성과 효율성을 높이며, 대통령과 국무총리 간의 협력과 조화를 촉진한다.

Rewriting

089

제89조

심의사항

다음 사항은 국무회의의 심의를 거쳐야 한다.

1. 국정의 기본계획과 정부의 일반정책
2. 선전·강화 기타 중요한 대외정책
3. 헌법개정안·국민투표안·조약안·법률안 및 대통령령안

"국정의 기본계획과 정부의 일반정책"은 국무회의의 심의를 반드시 거쳐야 한다. 이는 국가의 장기적인 비전과 방향을 설정하는 기본계획과 일상적인 행정 운영에 관한 정부의 일반정책이 국무회의에서 충분히 논의되고 검토되어야 함을 의미한다. 국무회의를 통해 다양한 의견이 반영되고 정책의 실효성과 일관성이 높아진다. 이는 국가 운영의 투명성과 민주성을 확보하는 중요한 절차다.

둘째, "선전·강화 기타 중요한 대외정책"도 국무회의의 심의가 필요하다. 이는 외교, 국방 등 국가의 대외적 관계와 관련된 중요한 정책들이 국무회의를 통해 심의되어야 함을 의미한다. 특히, 선전(戰)과 강화(講和)와 같은 중대한 결정은 국가의 안보와 직결되므로 국무회의에서의 심의를 통해 신중하고 전략적인 결정이 내려져야 한다. 이러한 절차는 대외정책의 통일성과 일관성을 유지하고, 국제사회에서의 신뢰와 지지를 얻는 데 기여한다.

셋째, "헌법개정안·국민투표안·조약안·법률안 및 대통령령안"은 국가의 법적, 제도적 틀을 바꾸는 중대한 사안들이 국무회의를 통해 검토되어야 함을 뜻한다. 헌법 개정안과 국민투표안은 국가의 근간을 이루는 중요한 사항이므로 국무회의의 심의를 통해 다양한 관점과 의견이 반영되어야 한다. 조약안은 국가 간의 약속을 의미하며 법률안과 대통령령안은 국민의 생활에 직접적인 영향을 미치는 법적 규제와 지침을 포함하므로, 신중한 심의가 필요하다.

089 심의사항

4. 예산안·결산·국유재산처분의 기본계획·국가의 부담이 될 계약 기타 재정에 관한 중요사항

5. 대통령의 긴급명령·긴급재정경제처분 및 명령 또는 계엄과 그 해제

6. 군사에 관한 중요사항

7. 국회의 임시회 집회의 요구

8. 영전수여

국가의 재정 운영과 관련된 주요 사항들이 국무회의에서 충분히 검토되고 논의되어야 한다. 예산안과 결산은 국가 재정의 투명성과 책임성을 확보하는 데 중요한 역할을 하며 국유재산처분의 기본계획과 국가 부담이 될 계약은 국가 재정의 안정성과 효율성을 보장한다. 재정 운영의 공정성과 투명성이 강화되기 위한 항목으로 풀이된다.

다섯째는 대통령이 국가 비상사태에 대응하기 위해 발동하는 긴급명령과 긴급재정경제처분 및 명령, 그리고 계엄과 그 해제와 같은 중대한 결정들이 국무회의에서 논의되고 검토되어야 함을 뜻한다. 이러한 절차는 비상사태 시에도 법적 정당성과 신뢰성을 확보하고, 권력의 남용을 방지하는 데 중요한 역할을 한다.

여섯째, 군사 정책과 관련된 주요 사항도 국무회의에서 충분히 검토되고 논의되어야 한다. 군사에 관한 중요한 결정은 국가 안보와 직결되므로 국무회의의 심의를 통해 다양한 관점과 의견이 반영되고 신중하고 전략적인 결정이 내려져야 한다.

일곱째, 국회의 임시회는 중요한 국가 사안을 논의하고 결정하는 자리이므로 이를 요구하는 절차는 의당 신중하게 이루어져야 한다.

끝으로 "영전수여" 또한 국무회의의 심의를 거쳐야 한다. 영전수여는 개인의 공로와 성취를 국가가 공식적으로 인정하는 행위로 공정성과 투명성을 확보하는 것이 중요하기 때문이다.

Rewriting

089 심의사항

9. 사면·감형과 복권

10. 행정각부간의 권한의 획정

11. 정부 안의 권한의 위임 또는 배정에 관한 기본계획

12. 국정처리상황의 평가·분석

13. 행정각부의 중요한 정책의 수립과 조정

국가가 범죄자에게 관대한 처분을 내리는 사면, 형의 경감인 감형, 그리고 시민권을 회복시키는 복권 등의 결정도 국무회의에서 신중히 논의되어야 한다. 이 절차는 사법 정의와 국민의 법 감정 사이의 균형을 유지하고 사면과 복권의 정당성과 신뢰성을 확보하는 데 중요한 역할을 한다.

열째 항목은 각 행정부처의 권한과 역할을 명확히 구분하는 작업이 국무회의에서 검토되어야 함을 뜻한다. 권한의 획정은 행정 효율성과 책임성을 높이는 데 중요한 요소로 국무회의의 심의를 통해 권한 배분의 공정성과 적절성이 보장될 수 있다.

아울러 "정부 안의 권한의 위임 또는 배정에 관한 기본계획"도 국무회의의 심의를 거쳐야 하는데, 이 절차는 권한 위임과 배정의 체계적이고 합리적인 실행을 보장하고 행정 조직의 효율성과 일관성을 유지하는 데 기여한다.

국정 처리 상황의 평가와 분석은 정책의 효과성을 검토하고 개선할 점을 파악하는 데 중요한 역할을 하므로 열두번째 항목은 정책의 질을 높이고 국민의 신뢰를 확보하기 위함이다.

각 행정부처의 중요한 정책을 수립하고 이를 조정하는 과정 또한 국무회의에서 논의되어야 한다. 중요한 정책의 수립과 조정을 통해 부처간 협력과 조화가 이루어지고 정부 전체의 정책 일관성과 효율성이 강화되기 때문이다.

Rewriting

089 심의사항

14. 정당해산의 제소

15. 정부에 제출 또는 회부된 정부의 정책에 관계되는 청원의 심사

16. 검찰총장·합동참모의장·각군참모총장·국립대학교총장·대사 기타 법률
    이 정한 공무원과 국영기업체관리자의 임명

17. 기타 대통령·국무총리 또는 국무위원이 제출한 사항

검찰총장은 국가의 법 집행 기관인 검찰을 총괄하는 최고 책임자로서, 범죄 수사와 기소, 공판 유지 등의 업무를 지휘하고 감독한다. 검찰총장의 임명은 법률의 집행과 공정한 수사, 기소를 보장하는 데 있어 매우 중요하다. 국무회의 심의를 통해 검찰총장의 자질과 능력을 신중히 검토함으로써, 법치주의와 공정성을 확보할 수 있다.

둘째, 합동참모의장은 국군의 최고 군사 전략과 작전을 총괄하고 각군 참모총장은 육군, 해군, 공군 각각의 군사 작전을 지휘한다. 따라서 이들의 임명은 국가 안보와 직결된 문제로 국무회의 심의를 통해 군 지휘부의 자질과 전략적 능력을 검토하는 것은 매우 중차대한 일일 것이다.

셋째, 국립대학교총장은 국립대학교의 학사 운영과 연구 활동을 총괄하며 교육과 학문의 질을 유지하고 발전시키는 역할을 한다. 국무회의 심의를 통해 총장의 학문적 성과와 리더십, 교육 정책에 대한 비전을 검토함으로써 국가 교육의 질을 높이고 대학의 자율성과 공공성을 확보할 수 있다.

넷째, 대사는 외교관으로서 대한민국을 대표하여 외국 정부와 외교 관계를 유지하고 국가의 이익을 보호하며, 국외에 있는 국민을 지원하는 역할을 한다. 대사의 임명은 국가의 외교 정책과 국제적 위상을 반영하므로, 국무회의 심의를 통해 대사 후보자의 외교적 능력과 경험을 검토하는 것이 중요한데, 이를 통해 외교 활동의 효과성과 국가 이미지의 향상을 도모할 수 있다.

090 국가원로회의

① 국정의 중요한 사항에 관한 대통령의 자문에 응하기 위하여 국가원로로 구성되는 국가원로자문회의를 둘 수 있다.

② 국가원로자문회의의 의장은 직전대통령이 된다. 다만, 직전대통령이 없을 때에는 대통령이 지명한다.

③ 국가원로자문회의의 조직·직무범위 기타 필요한 사항은 법률로 정한다.

"국정의 중요한 사항에 관한 대통령의 자문에 응하기 위하여 국가원로로 구성되는 국가원로자문회의를 둘 수 있다"는 조항은 국가원로자문회의의 설치 근거와 목적을 명확히 한다. 이는 대통령이 국정의 중요한 사항에 대해 자문을 구할 수 있는 기구로, 국가의 원로들로 구성된 자문회의를 둘 수 있음을 뜻한다. 국가원로자문회의는 풍부한 경험과 지식을 가진 전직 고위 공직자들이 모여 국가의 중대한 정책 결정에 있어 심도 있는 조언과 자문을 제공함으로써 정책 결정의 신중성과 깊이를 더한다.

둘째 조항은 의장의 지위를 규정하고 있다. 국가원로자문회의의 의장은 직전대통령이 맡도록 하여 그동안의 국정 경험과 리더십을 바탕으로 자문회의를 이끌도록 하고 있다. 직전 대통령이 부재할 경우, 현 대통령이 의장을 지명함으로써 자문회의의 원활한 운영을 보장한다.

셋째, "국가원로자문회의의 조직·직무범위 기타 필요한 사항은 법률로 정한다"는 조항은 자문회의의 구체적인 조직과 운영 방식을 법률로 정하도록 규정한다. 즉, 국가원로자문회의의 구성, 기능, 운영 절차 등 세부 사항을 법률로 명확히 하여 자문회의가 체계적이고 일관성 있게 운영될 수 있도록 하기 위함이다.

Rewriting

091 국가안전보장회의

① 국가안전보장에 관련되는 대외정책·군사정책과 국내정책의 수립에 관하여 국무회의의 심의에 앞서 대통령의 자문에 응하기 위하여 국가안전보장회의를 둔다.

② 국가안전보장회의는 대통령이 주재한다.

③ 국가안전보장회의의 조직·직무범위 기타 필요한 사항은 법률로 정한다.

첫째, 국가안전보장회의는 국가의 안전보장에 관련된 대외정책, 군사정책 및 국내정책의 수립에 관하여 대통령의 자문에 응하기 위하여 설치된다. 국무회의 심의에 앞서 대통령이 필요한 자문을 받을 수 있도록 하기 위함이다.

둘째는 국가안보에 관련된 중요한 사안들을 두고는 대통령이 직접 주도권을 가지고 결정할 수 있어야 한다는 의미가 내포되어 있다.

셋째, 국가안전보장회의의 조직, 직무 범위 및 기타 필요한 사항들은 법률로 정한다. 즉, 회의 운영과 관련된 구체적인 사항들을 법률을 통해 명확히 규정함으로써 회의가 효율적으로 운영될 수 있어야 한다는 것이다.

위 규정은 국가안보와 관련된 중대한 정책 결정에 있어 체계적이고 일관된 자문을 받을 수 있도록 함으로써 국가의 안전을 좀더 효과적으로 보장할 수 있도록 하는 데 목적이 있다.

092

민주평화통일자문위원

① 평화통일정책의 수립에 관한 대통령의 자문에 응하기 위하여 민주평화통일자문회의를 둘 수 있다.

② 민주평화통일자문회의의 조직·직무범위 기타 필요한 사항은 법률로 정한다.

> 평화통일정책의 수립에 관하여 대통령의 자문에 응하기 위해 민주평화통일자문회의를 둘 수 있다. 즉, 대통령이 평화통일정책을 수립하는 과정에서 전문적이고 다양한 의견을 수렴할 수 있도록 하기 위함이다. 민주평화통일자문회의는 대통령의 자문기구로서, 통일에 관한 정책을 구상하고 조언하는 역할을 한다. 이를 통해 대통령은 보다 폭넓은 견해와 제안을 받을 수 있다. 따라서 첫 조항은 대통령이 평화통일정책을 효과적으로 수립할 수 있도록 지원하는 기구의 필요성을 헌법적으로 인정하는 근거가 된다.

093

제93조

국민경제대책회의

① 국민경제의 발전을 위한 중요정책의 수립에 관하여 대통령의 자문에 응하기 위하여 국민경제자문회의를 둘 수 있다.

② 국민경제자문회의의 조직·직무범위 기타 필요한 사항은 법률로 정한다.

> 국민경제의 발전을 위한 중요정책의 수립에 관해 대통령의 자문에 응하기 위하여 국민경제자문회의를 둘 수 있다는 것은 대통령이 경제정책을 수립하는 과정에서 전문적이고 다양한 의견을 수렴할 수 있게 한다는 의미가 있다. 국민경제자문회의는 대통령의 자문기구로서 경제 발전을 위한 주요 정책을 구상하고 조언하는 역할을 한다. 이를 통해 대통령은 경제 전문가들의 폭넓은 견해와 제안을 받을 수 있다.

Rewriting

Rewriting

094

각부의 장

행정각부의 장은 국무위원 중에서 국무총리의 제청으로 대통령이 임명한다.

행정각부의 장은 국무위원으로서 이미 국정 운영에 대한 기본적인 책임과 역할을 수행하고 있는 사람이어야 하며, 임명은 국무총리의 제청을 필요로 한다. 즉, 국무총리가 행정각부의 장 임명에 대한 추천 권한을 가지고 있고, 대통령이 이를 감안하여 임명 결정을 내린다는 것이다. 국무총리의 제청은 대통령의 임명권을 보조하고, 행정 각 부처의 조화를 도모하기 위한 절차적 장치로 이해할 수 있다. 아울러 최종 임명 권한은 대통령에게 있는데, 이는 대통령이 행정각부의 장을 임명함으로써 행정부의 최고책임자로서의 역할을 다하고 국정 운영에 대한 최종적인 책임을 지게 됨을 뜻한다.

095

총리령 및 부령

국무총리 또는 행정각부의 장은 소관사무에 관하여 법률이나 대통령령의 위임 또는 직권으로 총리령 또는 부령을 발할 수 있다.

각자의 소관 업무 영역에서 필요한 규정을 정할 수 있도록 하기 위한 규정이다. 이 명령은 두 가지 경우에 발할 수 있는데, 첫째는 법률이나 대통령령의 위임을 받은 경우다. 즉, 법률이나 대통령령이 특정 사항에 대해 더 구체적인 규정을 필요로 할 때, 그 권한을 국무총리나 행정각부의 장에게 위임하는 것을 의미한다. 직권으로 발할 수 있는 경우도 있다. 이를테면, 국무총리나 행정각부의 장이 자신의 소관 업무를 효과적으로 수행하기 위해 필요한 경우, 스스로의 권한으로 명령을 발할 수 있다는 것이다.

Rewriting

Rewriting

096

각부의 조직 및 직무

행정각부의 설치·조직과 직무범위는 법률로 정한다.

행정각부의 설치는 법률로 정한다. 즉, 행정각부는 임의로 설치될 수 없으며, 법률에 근거하여 설치되어야 한다는 것이다. 이를 통해 정부 조직의 체계성과 정당성을 확보할 수 있다. 또한 행정각부의 조직은 법률로 정한다. 각 부처의 내부 구조와 구성에 관한 사항들이 법률에 의해 규정되어야 한다는 것인데, 이로써 각 부처는 일관된 기준에 따라 조직되고 운영되어야 할 것이다. 또한 행정각부의 직무범위도 법률로 정한다. 이를테면, 각 부처가 담당해야 할 업무와 그 권한의 범위가 법률에 의해 명확히 규정되어야 한다는 것이다. 그래야만 각 부처의 책임과 역할을 명확히 하고 중복이나 혼선을 방지할 수 있다.

097

감사원의 직무와 소속

국가의 세입·세출의 결산, 국가 및 법률이 정한 단체의 회계검사와 행정기관 및 공무원의 직무에 관한 감찰을 하기 위하여 대통령 소속하에 감사원을 둔다.

감사원은 국가의 세입·세출의 결산을 담당한다. 국가 재정의 수입과 지출을 최종적으로 확인하고 정리하는 업무를 뜻하며, 감사원은 이를 통해 국가 재정 운영의 투명성과 적정성을 확보한다. 아울러 감사원은 국가 및 법률이 정한 단체의 회계검사를 수행한다. 즉, 국가뿐 아니라 법률로 정해진 특정 단체의 재정 활동에 대해서도 감사원이 회계검사를 통해 감독할 수 있다는 것이다. 그래야 공공재정의 효율적이고 건전한 운영을 도모할 수 있을 것이다. 아울러 감사원은 행정기관 및 공무원의 직무에 관한 감찰도 수행한다.

제3관 행정각부

096

Rewriting

_____

_____

_____

_____

_____

_____

_____

_____

제4관 감사원

097

Rewriting

_____

_____

_____

_____

_____

_____

_____

_____

098 감사원 구성

① 감사원은 원장을 포함한 5인 이상 11인 이하의 감사위원으로 구성한다.

② 원장은 국회의 동의를 얻어 대통령이 임명하고, 그 임기는 4년으로 하며, 1차에 한하여 중임할 수 있다.

③ 감사위원은 원장의 제청으로 대통령이 임명하고, 그 임기는 4년으로 하며, 1차에 한하여 중임할 수 있다.

감사원은 원활한 운영을 위해서는 최소 5명, 최대 11명의 감사위원으로 이루어져야 하며, 감사원장의 임명 절차는 국회의 동의를 거쳐 대통령이 임명하는 방식으로 이루어진다. 감사원장의 임기는 4년으로 하고 1차에 한해 중임할 수 있다. 이는 감사원장이 독립성과 책임감을 가지고 직무를 수행할 수 있도록 하는 동시에, 임기의 연속성을 보장하는 장치이다.

감사위원은 감사원장의 제청으로 대통령이 임명하는데, 임기는 4년으로 하고 1차에 한해 중임할 수 있다. 이는 감사위원 또한 독립적이고 책임감 있게 직무를 수행할 수 있도록 하며 감사원장의 제청을 통해 감사위원의 전문성과 신뢰성을 높이는 절차다.

위 규정은 감사원의 구성과 운영에 있어 독립성과 책임성을 보장, 감사원이 국가의 재정과 행정에 대한 효율적이고 공정한 감사를 수행할 수 있도록 하는 데 목적이 있다. 감사원의 역할은 이로써 좀 더 투명하고 효과적으로 이루어질 수 있다.

Rewriting

099

제99조

검사와 보고

감사원은 세입·세출의 결산을 매년 검사하여 대통령과 차년도 국회에 그 결과를 보고하여야 한다.

감사원은 국가의 세입·세출 결산을 매년 검사해야 한다. 국가 재정의 수입과 지출이 적절하고 투명하게 이루어졌는지를 확인하기 위한 정기적인 검사를 일컫는다. 재정 운영의 투명성과 신뢰성을 확보하는 절차로 봄직하다. 또한 감사원은 검사 결과를 대통령과 차년도 국회에 보고해야 한다. 감사원의 검사 결과가 정부와 입법부 모두 에 공개됨으로써 재정 운영에 대한 감시와 통제가 이루어질 수 있어야 하기 때문이 다. 대통령에게 보고한다는 것은 행정부의 최고 책임자가 재정 운영의 결과를 파악 하고, 아울러 국회에 보고함으로써 입법부 역시 재정 운영에 대한 감시와 평가를 실 시할 수 있다.

100

제100조

조직 및 직무 범위

감사원의 조직·직무범위·감사위원의 자격·감사대상 공무원의 범위 기타 필요한 사항은 법률로 정한다.

감사원의 조직은 법률로 정한다. 즉, 감사원의 내부 구조와 운영 체계가 법률에 의해 명확히 규정되어야 한다는 것이다. 그래야 체계적이고 일관된 운영이 가능할 것이다. 감사원의 직무범위를 법률로 정한다는 것은 감사원의 역할과 책임이 명확히 정의되어 야 하므로 감사원이 수행해야 할 감사 활동의 범위와 권한이 법률에 의해 구체적으로 규정되어야 한다는 뜻이다. 또한 감사위원의 자격도 법률로 정해야 한다. 즉, 감사위원 이 될 수 있는 자격 요건이 법률에 의해 규정되어야만 감사위원의 전문성과 적격성을 보장할 수 있을 것이다.

Rewriting

Rewriting

100

05장

법원

제101조

사법권과 조직 및 법관의 자격

① 사법권은 법관으로 구성된 법원에 속한다.

② 법원은 최고법원인 대법원과 각급법원으로 조직된다.

③ 법관의 자격은 법률로 정한다.

첫째, 사법권은 독립된 법관들에 의해 행사되어야 한다는 뜻이다. 법관은 법률과 헌법에 따라 판결을 내리는 독립적인 역할을 수행하며 이를 통해 사법부의 독립성과 공정성이 보장된다.

둘째, 우리나라의 법원 체계는 최고법원인 대법원과 그 아래에 다양한 수준의 법원들로 구성된다. 대법원은 최종적인 판결을 내리는 최고 권위의 법원이고, 각급법원은 1심, 2심 등의 재판을 담당하는 법원들로 구성되어 있다. 이를 통해 사법 체계의 효율성과 계층적 구조가 확립된다.

셋째, 법관의 자격은 법률로 정한다. 즉, 법관이 되기 위한 자격 요건이 법률에 의해 구체적으로 규정되어야 한다는 것이다. 법률은 법관의 전문성과 윤리성을 보장하기 위한 기준을 제시하고 이를 통해 법관의 신뢰성과 공정성을 확보할 수 있다.

위 규정들은 사법부의 독립성과 공정성을 보장하고 법원이 체계적이고 효율적으로 운영될 수 있도록 하기 위한 것이다. 이로써 법치주의를 실현하고 국민의 권리와 자유를 보호하는 데 기여할 수 있다.

Rewriting

102 대법원

① 대법원에 부를 둘 수 있다.

② 대법원에 대법관을 둔다. 다만, 법률이 정하는 바에 의하여 대법관이 아닌 법관을 둘 수 있다.

③ 대법원과 각급 법원의 조직은 법률로 정한다.

첫째, 대법원의 업무를 효율적으로 수행하기 위해 여러 부서나 단위를 둘 수 있음을 뜻한다. 대법원은 이로써 다양한 법률 사안을 보다 전문적이고 체계적으로 다룰 수 있다.

둘째, 대법원에 대법관을 둔다. 즉, 대법원은 대법관들로 구성된다는 것이다. 대법관들은 대법원의 최고 심판 기능을 수행하는 중요한 역할을 담당하는데 여기서 법률이 정하는 바에 따라 대법관이 아닌 법관을 둘 수 있다는 것은 특정한 상황이나 필요에 따라 대법관이 아닌 다른 법관이 대법원에서 특정 역할을 수행할 수 있도록 허용한다는 뜻이다. 이로써 대법원의 유연성과 적응성을 높일 수 있다.

셋째, 대법원과 그 아래 각급법원의 구체적인 조직 구조와 운영 방식이 법률에 의해 규정되어야 한다는 뜻이다. 법률을 통해 법원의 조직을 명확히 규정함으로써 법원의 운영이 일관되고 효율적으로 이루어질 수 있도록 한다.

위 규정은 대법원을 포함한 사법부의 조직과 운영이 법률에 따라 체계적으로 이루어질 수 있도록 함으로써 사법권의 독립성과 공정성을 보장하는 데 목적이 있다. 이를 통해 법원이 국민의 권리와 자유를 보호하는 역할을 효과적으로 수행할 수 있다.

103

법관의 독립

법관은 헌법과 법률에 의하여 그 양심에 따라 독립하여 심판한다.

이 조항은 법관이 재판을 수행할 때 어떠한 외부의 영향도 받지 않고 오로지 헌법과 법률에 따라 자신의 양심을 바탕으로 독립적인 판단을 내릴 수 있도록 보장하는 원칙을 명시하고 있다. 이를 통해 사법부의 독립성과 공정성이 유지되며 국민의 권리와 자유가 보호될 수 있다. 요컨대, 이 헌법 조항은 법관의 독립성과 법치주의 원칙을 강조하여 공정하고 신뢰받는 사법제도를 유지하는 데 기여한다. 법관은 자신의 양심에 따라 자유롭게 판결을 내림으로써 사법부의 공정성과 국민의 신뢰를 확보할 수 있다.

104

대법원장 및 대법관 임명

① 대법원장은 국회의 동의를 얻어 대통령이 임명한다.

② 대법관은 대법원장의 제청으로 국회의 동의를 얻어 대통령이 임명한다.

③ 대법원장과 대법관이 아닌 법관은 대법관회의의 동의를 얻어 대법원장이 임명한다.

대법원장의 임명 절차를 통해 사법부의 독립성과 공정성을 강화하고 입법부와 행정부 간의 견제와 균형을 유지하고자 하는 헌법적 원칙을 반영하고 있다. 국회의 동의 절차를 거쳐 대통령이 임명함으로써 대법원장은 사법부의 최고 책임자로서의 권위와 신뢰를 확보하게 된다.

Rewriting

103

Rewriting

105

법관의 임기와 연임 및 정년

① 대법원장의 임기는 6년으로 하며, 중임할 수 없다.

② 대법관의 임기는 6년으로 하며, 법률이 정하는 바에 의하여 연임할 수 있다.

③ 대법원장과 대법관이 아닌 법관의 임기는 10년으로 하며, 법률이 정하는 바에 의하여 연임할 수 있다.

④ 법관의 정년은 법률로 정한다.

첫째, 대법원장은 한 번 임명되면 6년 동안 그 직책을 수행하고 임기가 끝나면 다시 임명될 수 없다. 대법원장의 독립성과 공정성을 보장하고 사법부의 최고 책임자가 장기 집권하는 것을 방지하기 위한 조항이다.

둘째, 대법관은 6년 동안 그 직책을 수행할 수 있고, 필요에 따라 법률이 정한 절차에 따라 재임명될 수 있다.

셋째, 대법원장과 대법관이 아닌 법관의 임기는 10년으로 하며 법률이 정하는 바에 따라 연임할 수 있다. 즉, 일반 법관들은 10년 동안 그 직책을 수행할 수 있고 필요에 따라 법률이 정한 절차에 따라 재임명될 수 있다는 것이다. 이로써 법관은 전문성과 경험을 축적할 수 있다.

넷째, 법관의 정년은 법률로 정한다. 법관이 일정 연령에 도달하면 직책에서 물러나야 하는데 그 기준도 법률이 규정한다는 것이다. 법관의 세대 교체와 신진 인력의 진입을 보장하는 근거가 되는 조항이다.

위 규정은 사법부의 인사 관리에서 공정성과 효율성을 확보하기 위한 것이다. 대법원장과 대법관, 그리고 일반 법관의 임기와 연임 조건을 명확히 규정함으로써 사법부의 독립성과 전문성을 유지하고 국민의 신뢰를 받을 수 있는 사법 체계를 유지하려는 목적이 있다. 또한 법관의 정년을 법률로 정함으로써 사법부 내에서의 세대 교체와 지속적인 발전을 도모할 수 있다.

Rewriting

제106조

법관의 신분보장

① 법관은 탄핵 또는 금고 이상의 형의 선고에 의하지 아니하고는 파면되지 아니하며, 징계처분에 의하지 아니하고는 정직·감봉 기타 불리한 처분을 받지 아니한다.

② 법관이 중대한 심신상의 장해로 직무를 수행할 수 없을 때에는 법률이 정하는 바에 의하여 퇴직하게 할 수 있다.

첫째, 법관은 탄핵 또는 금고 이상의 형의 선고에 의하지 않고는 파면되지 않는다. 즉, 법관의 신분이 강력히 보장되어, 단지 행정적 결정이나 다른 형태의 외부 압력에 의해 쉽게 직위를 상실하지 않도록 한다는 것이다. 탄핵이나 금고 이상의 형 선고는 매우 엄격한 절차를 필요로 하기 때문에 법관의 독립성과 공정성을 유지하는 중요한 장치로 작용한다.

둘째, 법관은 징계처분에 의하지 않고는 정직, 감봉 기타 불리한 처분을 받지 않는다. 법관이 공정하게 재판할 수 있도록 보호하기 위한 규정으로 정당한 징계 절차를 거치지 않고는 법관에게 불리한 행정적 처분을 내릴 수 없음을 의미한다. 이를 통해 법관이 외부의 부당한 압력이나 간섭 없이 독립적으로 업무를 수행할 수 있게 된다.

셋째, 법관이 중대한 심신상의 장해로 직무를 수행할 수 없을 때는 법률이 정하는 바에 따라 퇴직하게 할 수 있다. 법관이 심신상의 이유로 인해 더 이상 직무를 수행할 수 없을 정도로 상태가 악화된 경우, 법률이 정한 절차에 따라 퇴직할 수 있도록 하는 규정이다. 이는 법관 본인의 건강과 법원의 원활한 운영을 위해 필요한 조치이다.

위 규정들은 법관의 신분을 보장함으로써 법관이 외부의 압력이나 불이익을 두려워하지 않고 독립적으로 공정한 재판을 할 수 있도록 하기 위한 것이다. 법관의 신분 보장은 사법부의 독립성을 유지하는 데 필수적이며 이를 통해 법치주의와 공정한 사법 절차를 실현할 수 있다.

107

위헌 제청과 심사권 등

① 법률이 헌법에 위반되는 여부가 재판의 전제가 된 경우에는 법원은 헌법재판소에 제청하여 그 심판에 의하여 재판한다.

② 명령·규칙 또는 처분이 헌법이나 법률에 위반되는 여부가 재판의 전제가 된 경우에는 대법원은 이를 최종적으로 심사할 권한을 가진다.

③ 재판의 전심절차로서 행정심판을 할 수 있다. 행정심판의 절차는 법률로 정하되, 사법절차가 준용되어야 한다.

법률이 헌법에 위반되는 여부가 재판의 전제가 된 경우에는 법원은 헌법재판소에 제청하여 그 심판에 의하여 재판한다. 즉, 재판 과정에서 법률의 헌법 적합성이 문제될 때 법원이 이를 직접 판단하는 대신 헌법재판소에 그 심판을 요청하여 결정을 받는다는 것이다. 헌법재판소의 판단을 통해 법률의 헌법 적합성이 확인되면 이를 바탕으로 법원은 재판을 진행하게 된다. 이는 법률의 위헌 여부를 전문적이고 권위 있게 판단하기 위한 절차다.

둘째, 하위 규범인 명령, 규칙, 처분 등이 헌법이나 상위 법률에 위반되는지 여부를 판단하는 최종 권한이 대법원에 있음을 뜻한다. 이로써 법원의 통일성과 일관성을 유지하고, 하위 규범의 헌법 적합성을 보장할 수 있다.

셋째, 재판 전에 행정적인 분쟁을 해결하기 위해 행정심판 제도를 도입할 수 있으며 그 절차는 법률로 규정하되 사법절차의 원칙을 준용해야 한다는 것이다. 그래야 행정심판이 공정하고 합리적으로 이루어질 수 있을 것이다.

이 같은 규정은 법률 및 하위 규범의 헌법 적합성을 엄격히 심사하고 행정심판 절차의 공정성을 보장함으로써 법치주의와 사법 정의를 실현하려는 목적이 있다. 이로써 국민의 권리 보호와 법률 체계의 일관성을 유지할 수 있다.

Rewriting

108

대법원의 규칙제정권

대법원은 법률에 저촉되지 아니하는 범위 안에서 소송에 관한 절차, 법원의 내부 규율과 사무처리에 관한 규칙을 제정할 수 있다.

대법원은 법률의 범위 내에서 자율적으로 규칙을 만들 수 있다. 대법원이 제정하는 규칙은 법률을 위반해서는 안 되며 법률의 범위를 벗어나지 않아야 한다. 또한 대법원은 소송에 관한 절차를 규정하는 규칙도 제정할 수 있다. 즉, 법원은 소송 절차의 공정성과 일관성 및 효율성을 높이기 위해 소송 절차와 관련된 세부적인 규칙들을 대법원이 정할 수 있다는 것이다. 아울러 대법원이 법원의 내부규율과 사무처리에 관한 규칙을 제정할 수 있다는 것은 법원의 내부 운영과 관련된 규율, 그리고 법원 사무 처리 절차에 대한 규칙을 대법원이 정할 수 있다는 뜻이다.

109

재판 공개 원칙

재판의 심리와 판결은 공개한다. 다만, 심리는 국가의 안전보장 또는 안녕질서를 방해하거나 선량한 풍속을 해할 염려가 있을 때에는 법원의 결정으로 공개하지 아니할 수 있다.

재판 과정과 결과를 일반 국민에게 공개함으로써 사법 절차의 투명성과 공정성을 보장하고 국민의 신뢰를 얻기 위한 기본 원칙이다. 공개 재판은 사법부의 독립성과 재판의 공정성을 유지하는 중요한 요소이다. 다만 심리는 특정한 경우에 공개하지 않을 수 있다. 여기에는 두 가지 조건이 있다. 첫째, 국가의 안전보장 또는 안녕질서를 방해할 염려가 있다거나, 둘째, 선량한 풍속을 해할 염려가 있는 경우다. 이는 공공의 도덕적 기준을 침해할 우려가 있을 때를 의미한다.

Rewriting

108

Rewriting

109

제110조

군사재판

① 군사재판을 관할하기 위하여 특별법원으로서 군사법원을 둘 수 있다.

② 군사법원의 상고심은 대법원에서 관할한다.

③ 군사법원의 조직·권한 및 재판관의 자격은 법률로 정한다.

④ 비상계엄하의 군사재판은 군인·군무원의 범죄나 군사에 관한 간첩죄의 경우와 초병·초소·유독음식물공급·포로에 관한 죄 중 법률이 정한 경우에 한하여 단심으로 할 수 있다. 다만, 사형을 선고한 경우에는 그러하지 아니하다.

첫째, 군사 관련 사건을 전문적으로 다루기 위해 일반 법원과는 별도로 군사법원을 설치할 수 있음을 의미한다. 군사법원은 군사적 특수성을 고려하여 군인 및 군 관련 사건을 신속하고 효율적으로 처리할 수 있어야 한다.

둘째, 군사법원에서 최종 판결이 나오더라도 상고가 있을 경우 대법원이 이를 심사하고 최종 판단을 내리게 된다. 이로써 군사법원 판결의 공정성과 법적 일관성을 확보할 수 있다.

셋째, 군사법원의 구체적인 구조와 기능, 그리고 군사법원에서 재판을 담당하는 재판관의 자격 요건은 법률에 의해 명확히 규정된다. 그래야 군사법원 운영이 체계적이고 합리적으로 이루어질 수 있을 것이다.

넷째, 긴급 상황에서 신속한 재판이 필요할 때 적용되는 예외 규정이다. 다만 사형을 선고한 경우에는 반드시 상급심의 심사를 받아야 한다는 예외를 두어, 인권 보호를 강화하고 오판의 가능성을 줄이기 위한 장치를 마련하고 있다.

Rewriting

06장

헌법재판소

111 관장과 구성 등

① 헌법재판소는 다음 사항을 관장한다.

1. 법원의 제청에 의한 법률의 위헌여부 심판
2. 탄핵의 심판
3. 정당의 해산 심판
4. 국가기관 상호간, 국가기관과 지방자치단체 간 및 지방자치단체 상호간의 권한 쟁의에 관한 심판
5. 법률이 정하는 헌법소원에 관한 심판

헌법재판소는 대한민국 헌법 제111조에 의해 설립된 헌법기관으로, 국가의 최고법규인 헌법을 해석하고 적용하는 역할을 담당한다. 헌법재판소는 다음과 같은 다섯 가지 주요 사항을 관장한다.

첫째, 법원의 제청에 의한 법률의 위헌여부 심판을 한다. 법원이 어떤 법률이 헌법에 위배되는지 여부를 판단할 때 헌법재판소에 그 판단을 요청하는 제도를 말한다.

둘째, 탄핵 심판을 한다. 탄핵이란 공직자가 헌법이나 법률을 위반한 경우, 국회가 그를 탄핵소추하고 헌법재판소가 그 적법성 여부를 심판하는 절차를 뜻한다.

셋째, 정당의 해산 심판을 한다. 정당이 헌법이나 법률에 위배되는 활동을 할 경우, 헌법재판소는 그 정당의 해산을 명령할 수 있다.

넷째, 국가기관 상호간, 국가기관과 지방자치단체 간 및 지방자치단체 상호간의 권한 쟁의에 관한 심판을 한다. 서로 다른 국가기관이나 지방자치단체 간의 권한에 대한 분쟁을 해결하기 위한 절차다.

다섯째, 법률이 정하는 헌법소원에 관한 심판을 한다. 헌법소원이란 국민이 기본권을 침해당했을 때 헌법재판소에 그 구제를 청구하는 제도를 말한다. 이 다섯 가지 심판 기능을 통해 헌법재판소는 헌법 수호와 기본권 보호의 중추적 역할을 수행한다.

Rewriting

111

관장과 구성 등

② 헌법재판소는 법관의 자격을 가진 9인의 재판관으로 구성하며, 재판관은 대통령이 임명한다.

③ 제2항의 재판관중 3인은 국회에서 선출하는 자를, 3인은 대법원장이 지명하는 자를 임명한다.

④ 헌법재판소의 장은 국회의 동의를 얻어 재판관 중에서 대통령이 임명한다.

헌법재판소는 법관의 자격을 가진 9인의 재판관으로 구성된다. 이 재판관들은 모두 대통령에 의해 임명된다. 그러나 이 임명 과정에서 헌법은 몇 가지 특수한 절차를 규정하고 있다.

먼저, 9인의 재판관 중 3인은 국회에서 선출하는 자를 대통령이 임명한다. 입법부가 헌법재판소 구성에 참여함으로써 권력의 균형을 유지하고자 하는 취지이다. 국회에서 선출된 인사들은 국회의 의사를 반영한 인물들로, 헌법재판소의 독립성과 중립성을 보장하는 역할을 한다.

또한 9인의 재판관 중 다른 3인은 대법원장이 지명하는 자를 대통령이 임명한다. 사법부가 헌법재판소 구성에 영향을 미치는 절차로, 법률적 전문성과 사법적 독립성을 강화하기 위함이다. 대법원장이 지명하는 인사들은 법관으로서의 풍부한 경험과 지식을 갖춘 인물이다. 나머지 3인은 대통령이 직접 임명한다. 이로써 행정부도 헌법재판소의 구성에 일정한 영향을 미치게 된다.

헌법재판소의 장(소장)은 재판관 중에서 대통령이 임명하는데 이때 국회의 동의를 얻어야 한다. 헌법재판소의 장이 갖는 중요한 역할과 책임을 고려한 것으로 국회의 동의를 통해 임명의 정당성과 신뢰성을 확보하려는 목적이다. 이처럼 헌법재판소의 구성 절차는 입법부, 사법부, 행정부가 균형을 이루며 참여하는 구조로 되어 있어 헌법재판소의 독립성과 공정성을 보장하는 장치로 작용한다.

Rewriting

111

112 재판관의 임기와 정치관여 금지 등

① 헌법재판소 재판관의 임기는 6년으로 하며, 법률이 정하는 바에 의하여 연임할 수 있다.

② 헌법재판소 재판관은 정당에 가입하거나 정치에 관여할 수 없다.

③ 헌법재판소 재판관은 탄핵 또는 금고 이상의 형의 선고에 의하지 아니하고는 파면되지 아니한다.

헌법재판소 재판관의 임기는 6년으로 한다. 재판관은 법률이 정하는 바에 따라 연임할 수 있다. 재판관의 안정적 근무를 보장함으로써 헌법재판소의 지속성과 독립성을 유지하기 위한 장치이다. 연임 가능성은 재판관들이 자신의 직무를 성실히 수행하도록 하는 동시에 적격성과 능력을 갖춘 인물이 계속하여 헌법재판소에서 활동할 수 있도록 한다.

둘째, 헌법재판소 재판관은 정당에 가입하거나 정치에 관여할 수 없다. 이는 재판관의 정치적 중립성을 보장하기 위한 조치로, 재판관이 특정 정당이나 정치적 입장에 치우치지 않고 공정하게 헌법을 해석하고 적용할 수 있도록 한다. 정치적 중립성은 헌법재판소의 권위와 신뢰성을 유지하는 데 필수다.

셋째, 재판관의 신분을 보장하여 독립성과 안정성을 강화하기 위한 규정이다. 탄핵 또는 중대한 형사처벌이 아닌 경우, 외부의 압력이나 정치적 이유로 재판관을 쉽게 해임할 수 없게 함으로써 재판관들이 헌법과 법률에 따라 소신껏 판결을 내릴 수 있도록 보호한다.

이러한 규정은 헌법재판소 재판관의 독립성과 공정성을 보장하여 헌법재판소가 본연의 역할을 충실히 수행할 수 있도록 돕는다.

Rewriting

112

113

결정정족수 및 조직운영

① 헌법재판소에서 법률의 위헌결정, 탄핵의 결정, 정당해산의 결정 또는 헌법소원에 관한 인용결정을 할 때에는 재판관 6인 이상의 찬성이 있어야 한다.

② 헌법재판소는 법률에 저촉되지 아니하는 범위 안에서 심판에 관한 절차, 내부규율과 사무처리에 관한 규칙을 제정할 수 있다.

③ 헌법재판소의 조직과 운영 기타 필요한 사항은 법률로 정한다.

첫째, 헌법재판소의 주요 결정이 충분한 논의와 다수의 동의를 통해 이루어지도록 하여 결정의 신뢰성과 정당성을 확보하기 위한 것이다. 9인 중 6인 이상의 찬성은 절대다수의 의견을 반영한다는 점에서 중요한 의미를 가진다.

둘째, 헌법재판소가 독립적으로 운영되도록 하기 위한 조치로, 헌법재판소가 스스로의 절차와 규율을 정하여 효율적이고 일관되게 업무를 수행할 수 있도록 한다. 이 규정은 헌법재판소의 자율성과 독립성을 보장하는 데 중요한 역할을 한다.

셋째, 헌법재판소의 기본적인 틀과 운영 방식이 법률에 의해 명확하게 규정되도록 하여 헌법재판소가 체계적이고 안정적으로 운영될 수 있도록 한다. 법률에 의해 정해지는 사항들은 헌법재판소의 공정성과 투명성을 유지하는 데 기여한다.

이러한 규정은 헌법재판소가 헌법을 수호하고 국민의 기본권을 보호하는 역할을 충실히 수행할 수 있도록 하는 제도적 기반을 제공한다.

Rewriting

07장

선거관리

114 선거관리위원회

① 선거와 국민투표의 공정한 관리 및 정당에 관한 사무를 처리하기 위하여 선거관리위원회를 둔다.

② 중앙선거관리위원회는 대통령이 임명하는 3인, 국회에서 선출하는 3인과 대법원장이 지명하는 3인의 위원으로 구성한다. 위원장은 위원 중에서 호선한다.

③ 위원의 임기는 6년으로 한다.

④ 위원은 정당에 가입하거나 정치에 관여할 수 없다.

첫째, 선거관리위원회는 선거와 국민투표의 투명성과 공정성을 보장하기 위해 설치된 독립적인 기구로, 민주주의의 근간을 이루는 선거 과정의 신뢰성을 확보하는 역할을 한다.

둘째, 행정부, 입법부, 사법부가 각각 선거관리위원회의 구성에 참여하여 권력의 균형을 유지하도록 하며 다양한 의견이 반영되도록 하기 위한 조항이다. 위원장 호선은 위원들 간의 합의를 통해 이루어져, 자율성과 협력의 정신을 반영한다.

셋째, 위원의 임기는 6년으로 한다. 위원의 안정적 근무를 보장하여 일관성 있게 선거관리를 수행할 수 있도록 한다. 장기적인 임기를 통해 전문성을 축적하고, 독립성을 강화할 수 있다.

넷째, 위원은 정당에 가입하거나 정치에 관여할 수 없다는 것은 선거관리위원회의 공정성을 보장하기 위한 규정으로, 위원이 정치적 중립성을 유지하도록 한다. 정치적 중립성은 선거관리위원회의 신뢰성을 유지하고, 선거와 국민투표의 공정한 관리를 보장하는 데 필수적이다.

위 규정은 선거관리위원회가 독립적이고 공정하게 운영될 수 있도록 하는 제도적 장치를 제공한다. 이는 민주주의의 핵심인 선거의 공정성과 투명성을 보장하는 데 중요한 역할을 한다.

Rewriting

⑤ 위원은 탄핵 또는 금고 이상의 형의 선고에 의하지 아니하고는 파면되지 아니한다.

⑥ 중앙선거관리위원회는 법령의 범위 안에서 선거관리·국민투표관리 또는 정당사무에 관한 규칙을 제정할 수 있으며, 법률에 저촉되지 아니하는 범위 안에서 내부 규율에 관한 규칙을 제정할 수 있다.

⑦ 각급 선거관리위원회의 조직·직무범위 기타 필요한 사항은 법률로 정한다.

다섯째, 위원의 신분을 보장하여 외부의 압력이나 정치적 이유로부터 독립성을 유지하기 위한 규정이다. 이러한 보호 장치는 위원이 소신껏 직무를 수행할 수 있도록 돕는다.

여섯째, 중앙선거관리위원회는 법령의 범위 안에서 선거관리, 국민투표관리 또는 정당사무에 관한 규칙을 제정할 수 있으며, 법률에 저촉되지 아니하는 범위 안에서 내부 규율에 관한 규칙을 제정할 수 있다. 중앙선거관리위원회가 자체 규칙을 통해 효율적이고 일관되게 업무를 수행할 수 있도록 한다. 규칙 제정 권한은 선거관리위원회의 자율성을 높이고 실질적 운영의 독립성을 보장한다.

일곱째, 각급 선거관리위원회의 조직, 직무범위 기타 필요한 사항은 법률로 정한다. 선거관리위원회의 체계적이고 안정적인 운영을 위해 필요한 사항들을 명확히 규정하여 선거관리위원회의 역할과 책임을 법적으로 보장하기 위함이다. 법률로 정해진 규정들은 선거관리위원회의 운영에 관한 명확한 기준을 제공하여, 예측 가능성과 법적 안정성을 확보한다.

위 규정은 선거관리위원회가 독립적이고 공정하게 운영될 수 있도록 하는 제도적 장치를 제공하고, 민주주의의 핵심인 선거의 공정성과 투명성을 보장하는 데 중요한 역할을 한다. 이는 선거관리위원회의 위상이 헌법에 의해 보장됨을 의미하며 국민의 신뢰를 바탕으로 공정한 선거를 관리할 수 있게 한다.

Rewriting

115

선관위의 대행정기관 지시권

① 각급 선거관리위원회는 선거인명부의 작성 등 선거사무와 국민투표사무에 관하여 관계 행정기관에 필요한 지시를 할 수 있다.

② 제1항의 지시를 받은 당해 행정기관은 이에 응하여야 한다.

각급 선거관리위원회는 선거인명부의 작성 등 선거사무와 국민투표사무에 관하여 관계 행정기관에 필요한 지시를 할 수 있다. 선거와 국민투표의 공정하고 효율적인 관리와 운영을 보장하기 위한 조치로, 선거관리위원회가 선거인명부 작성과 같은 중요한 선거 관련 업무를 원활하게 수행할 수 있도록 하기 위함이다. 선거인명부 작성은 유권자 자격을 확인하고 투표 절차를 준비하는 데 필수적인 요소이므로 이 과정에서 선거관리위원회가 주도적으로 지시할 수 있는 권한을 부여하는 것은 매우 중요하다.

116

선거운동 및 선거경비

① 선거운동은 각급 선거관리위원회의 관리하에 법률이 정하는 범위 안에서 하되, 균등한 기회가 보장되어야 한다.

② 선거에 관한 경비는 법률이 정하는 경우를 제외하고는 정당 또는 후보자에게 부담시킬 수 없다.

선거운동의 공정성과 투명성을 보장하기 위한 규정으로, 선거운동이 각급 선거관리위원회의 감독 아래 이루어지도록 하여 모든 후보자에게 공정한 기회를 제공하려는 것이다. 선거관리위원회는 선거운동 과정에서 발생할 수 있는 불공정한 행위를 예방하고 후보자와 유권자 간의 공정한 경쟁을 보장하는 역할을 한다. 균등한 기회의 보장은 민주주의의 기본 원칙을 지키는 데 매우 중요한 대목이다.

Rewriting

115

_____

_____

_____

_____

_____

_____

_____

Rewriting

116

_____

_____

_____

_____

_____

_____

_____

08장

지방자치

117

제117조
자치권 및 자치단체의 종류

① 지방자치단체는 주민의 복리에 관한 사무를 처리하고 재산을 관리하며, 법령의 범위 안에서 자치에 관한 규정을 제정할 수 있다.

② 지방자치단체의 종류는 법률로 정한다.

지방자치단체가 주민의 복지 향상을 위해 독립적으로 사무를 처리하고 자치에 필요한 규정을 스스로 제정할 수 있도록 하는 권한을 부여한 조항이다. 지방자치단체는 이를 통해 지역 주민의 필요와 특성에 맞는 정책을 시행하고, 지역사회의 발전을 도모할 수 있다. 지방자치단체는 지역의 재산을 관리하고 주민의 복지를 증진시키기 위한 다양한 활동을 수행할 수 있다. 또한 법령의 범위 안에서 자치 규정을 제정할 수 있는 권한은 지방자치단체의 자율성을 보장하는 중요한 요소이다.

제118조
자치단체의 조직 및 운영

① 지방자치단체에 의회를 둔다.

② 지방의회의 조직·권한·의원선거와 지방자치단체의 장의 선임방법 기타 지방자치단체의 조직과 운영에 관한 사항은 법률로 정한다.

지방자치단체가 주민의 의사를 반영하는 의결기관을 가질 수 있도록 하는 규정이다. 지방의회는 지역 주민의 대표로 구성되며, 지방자치단체의 중요한 정책과 예산 등을 심의하고 의결하는 역할을 한다. 지방자치단체는 이로써 주민의 의견을 반영한 자치 행정을 수행할 수 있으며 지역 민주주의를 실현하는 중요한 기구로 기능한다. 또한 지방의회의 구성과 기능, 지방자치단체의 운영에 관한 구체적인 사항들은 법률로 명확히 규정하여 일관성과 체계성을 유지한다.

Rewriting

_____

_____

_____

_____

_____

_____

_____

_____

Rewriting

_____

_____

_____

_____

_____

_____

_____

_____

09장

경제

119

경제질서의 기본과 경제 규제 등

① 대한민국의 경제질서는 개인과 기업의 경제상의 자유와 창의를 존중함을 기본으로 한다.

② 국가는 균형있는 국민경제의 성장 및 안정과 적정한 소득의 분배를 유지하고, 시장의 지배와 경제력의 남용을 방지하며, 경제주체간의 조화를 통한 경제의 민주화를 위하여 경제에 관한 규제와 조정을 할 수 있다.

> 시장경제의 원칙을 바탕으로 하여 개인과 기업이 자율적으로 경제활동을 할 수 있도록 보장하는 규정이다. 개인과 기업의 경제적 자유와 창의는 경제 발전의 중요한 동력으로 혁신과 경쟁을 통해 경제를 활성화하고 발전시키는 역할을 한다. 따라서 대한민국의 경제질서는 이러한 자유와 창의를 최대한 존중하고 보호하는 것을 기본 원칙으로 삼고 있다.

120

천연자원

① 광물 기타 중요한 지하자원·수산자원·수력과 경제상 이용할 수 있는 자연력은 법률이 정하는 바에 의하여 일정한 기간 그 채취·개발 또는 이용을 특허할 수 있다.

② 국토와 자원은 국가의 보호를 받으며, 국가는 그 균형있는 개발과 이용을 위하여 필요한 계획을 수립한다.

> 국가가 법률을 통해 광물, 지하자원, 수산자원, 수력 등 경제적으로 중요한 자연자원의 채취, 개발 또는 이용을 일정한 기간 동안 특허(허가)할 수 있다. 이 특허 제도는 자원의 효율적이고 지속 가능한 이용을 보장하고, 자원의 무분별한 개발을 방지하기 위한 장치이며 특허를 받은 주체는 정해진 기간 동안 법률에 따라 자원을 채취하거나 개발·이용할 수 있는 권한을 가지며 이를 통해 국가 경제에 기여할 수 있다.

Rewriting

119

Rewriting

120

121

소작농 금지 등

① 국가는 농지에 관하여 경자유전의 원칙이 달성될 수 있도록 노력하여야 하며, 농지의 소작제도는 금지된다.

② 농업생산성의 제고와 농지의 합리적인 이용을 위하거나 불가피한 사정으로 발생하는 농지의 임대차와 위탁경영은 법률이 정하는 바에 의하여 인정된다.

> 경자유전의 원칙이란 농지는 실제 농사를 짓는 사람, 즉 농업에 종사하는 사람이 소유해야 한다는 원칙을 말한다. 이는 농업 생산성을 높이고, 농지의 효율적 이용을 도모하며, 농민의 경제적 자립을 보장하기 위한 것이다. 국가는 이러한 원칙이 실현될 수 있도록 다양한 정책과 제도를 통해 지원하고 노력해야 한다. 또한 농지 소작제도의 금지는 토지 소유자가 농지를 소작인에게 빌려주고 소작인이 경작하여 소득을 나누는 형태의 소작제도를 금지함으로써 소작인들의 경제적 착취를 방지하고, 농민들의 자립을 도모해야 한다.

122

국토 개발과 보전

국가는 국민 모두의 생산 및 생활의 기반이 되는 국토의 효율적이고 균형있는 이용·개발과 보전을 위하여 법률이 정하는 바에 의하여 그에 관한 필요한 제한과 의무를 과할 수 있다.

> 국토가 국민 전체의 삶과 생산활동에 필수적인 기반임을 인식하고 이를 효율적이고 균형 있게 이용하고 개발하며, 동시에 보전하는 것을 목표로 한다. 이 같은 규정들은 국토가 국민 모두의 공공재로서 효율적이고 균형 있게 사용되고 보전될 수 있도록 하는 제도적 기반을 제공한다. 국가는 이를 통해 지속 가능한 발전을 도모하고 국민의 삶의 질을 향상시키는 데 기여해야 한다.

Rewriting

121

Rewriting

122

123

농어촌 개발과 중소기업 보호 및 육성

① 국가는 농업 및 어업을 보호·육성하기 위하여 농·어촌종합개발과 그 지원 등 필요한 계획을 수립·시행하여야 한다.

② 국가는 지역간의 균형있는 발전을 위하여 지역경제를 육성할 의무를 진다.

③ 국가는 중소기업을 보호·육성하여야 한다.

첫째, 농업과 어업이 국민의 식량 공급과 경제에 중요한 역할을 한다는 점을 인식하고, 이를 보호하고 발전시키기 위한 국가의 책임을 명확히 한 것이다. 국가가 수립하고 시행해야 하는 계획에는 농·어촌 지역의 인프라 개선, 생산성 향상, 시장 접근성 증대 등이 포함될 수 있으며 이를 통해 농업과 어업의 지속 가능한 발전을 도모할 수 있다.

둘째, 국가가 경제적 불균형을 해소하고 모든 지역이 고르게 발전할 수 있도록 지원해야 한다는 것을 뜻한다. 이를 위해 국가는 낙후된 지역에 대한 투자와 지원을 강화하고 지역 특성에 맞는 경제 발전 전략을 수립해야 한다. 이러한 균형 발전은 지역 주민의 삶의 질을 향상시키고, 국가 전체의 조화로운 발전을 이끌어낼 수 있다.

셋째, 중소기업은 경제의 근간을 이루고, 일자리 창출과 경제적 활력을 제공하는 중요한 역할을 한다. 국가는 중소기업이 성장하고 경쟁력을 갖출 수 있도록 다양한 지원 정책을 마련해야 한다. 이는 금융 지원, 세제 혜택, 기술 개발 지원, 시장 진입 장벽 완화 등 다양한 방식으로 이루어질 수 있다. 중소기업의 보호와 육성은 경제의 다변화와 안정성에 기여하며, 혁신과 창의성을 촉진하는 중요한 요소이다.

Rewriting

123

제123조

농어촌 개발과 중소기업 보호 및 육성

④ 국가는 농수산물의 수급균형과 유통구조의 개선에 노력하여 가격안정을 도모함으로써 농·어민의 이익을 보호한다.

⑤ 국가는 농·어민과 중소기업의 자조조직을 육성하여야 하며, 그 자율적 활동과 발전을 보장한다.

> 국가는 농수산물의 공급과 수요를 조절하고 유통 구조를 효율화하여 가격 안정을 유지하는 역할을 한다. 농수산물의 가격 안정은 농·어민의 경제적 안정과 직결되며, 이는 국가 경제의 안정에도 중요한 영향을 미친다. 이를 위해 국가는 다양한 정책과 프로그램을 통해 생산자와 소비자 사이의 유통 단계를 줄이고 유통 효율성을 높이며, 시장 정보를 투명하게 제공함으로써 가격 변동을 최소화하고 농·어민의 소득을 보호해야 한다.

124

제124조

소비자 보호

국가는 건전한 소비행위를 계도하고 생산품의 품질향상을 촉구하기 위한 소비자보호운동을 법률이 정하는 바에 의하여 보장한다.

> 국가는 소비자들이 합리적이고 책임감 있는 소비를 할 수 있도록 교육과 홍보를 통해 올바른 정보를 제공하여 과소비와 충동구매를 줄이고 환경 보호와 자원 절약을 촉진해야 한다. 또한 기업이 안전하고 신뢰할 수 있는 고품질의 제품을 생산하도록 독려하며, 이를 위해 품질 관리와 표준화 정책을 강화하여 소비자 보호를 증진시킨다. 아울러 법률에 따라 소비자보호운동을 지원하고 보장하여, 소비자 권익을 보호하고 불공정한 거래 관행을 개선하며 소비자와 기업 간의 균형 있는 관계를 유지하는 데 기여해야 한다.

Rewriting

Rewriting

125

무역 육성

국가는 대외무역을 육성하며, 이를 규제·조정할 수 있다.

국가가 국제무역을 활성화하고 발전시키기 위해 다양한 정책과 지원을 제공해야 한다는 뜻이다. 또한 국가는 대외무역의 공정성과 안정을 유지하기 위해 필요할 때 규제와 조정을 시행할 수 있는 권한을 가진다. 대외무역 육성의 일환으로, 국가는 무역 진흥을 위한 제도적 지원, 수출입 기업에 대한 지원 정책, 무역 관련 인프라 확충 등을 포함한 다양한 노력을 할 수 있다. 이러한 활동은 국내 산업의 국제 경쟁력을 높이고 국가 경제의 성장과 발전에 기여하는 것을 목표로 한다. 국가가 대외무역을 규제·조정할 수 있는 권한을 행사함으로써 무역 불균형을 해소하고 특정 산업의 보호, 국가 안보의 확보, 공정한 무역 질서 유지 등을 목적으로 무역 정책을 조정할 수 있다.

126

사기업 국·공유화 및 통제 금지

국방상 또는 국민경제상 긴절한 필요로 인하여 법률이 정하는 경우를 제외하고는, 사영기업을 국유 또는 공유로 이전하거나 그 경영을 통제 또는 관리할 수 없다.

국가가 사유재산권을 존중하고 보호해야 한다는 원칙을 명확히 하면서 특정 상황에서는 예외적으로 사영기업의 소유권 또는 경영권에 개입할 수 있다는 규정을 담고 있다. 국가가 비상 상황에서 국민의 안보와 경제적 안정을 위해 필요한 조치를 취할 수 있는 권한을 부여하면서도 평상시에는 사유 재산권을 최대한 보호하도록 하는 균형점을 제공한다. 이를 통해 법적 안정성과 경제적 자유를 보장하면서도 국가적 위기 상황에 효과적으로 대응할 수 있는 제도적 틀을 마련하고 있다.

Rewriting

125

_____
_____
_____
_____
_____
_____
_____
_____
_____

Rewriting

126

_____
_____
_____
_____
_____
_____
_____
_____
_____

과학기술 발전과 표준제도

① 국가는 과학기술의 혁신과 정보 및 인력의 개발을 통하여 국민경제의 발전에 노력하여야 한다.

② 국가는 국가표준제도를 확립한다.

③ 대통령은 제1항의 목적을 달성하기 위하여 필요한 자문기구를 둘 수 있다.

첫째, 과학기술이 국가 경제의 핵심적인 발전 동력임을 인정하고 이를 바탕으로 국민 경제의 성장을 도모해야 한다. 과학기술의 혁신은 새로운 기술과 지식을 창출하고 이를 경제 활동에 적용하여 생산성과 경쟁력을 높이는 데 기여한다. 또한 정보와 인력의 개발은 지속 가능한 경제 성장을 위해 필수적이다. 따라서 국가는 기술 개발, 교육, 연구 및 개발(R&D) 투자를 촉진하고, 첨단 산업을 육성해야 한다.

둘째, 국가는 산업과 경제 활동에서 일관된 품질과 안전을 보장하기 위해 표준을 설정하고 유지한다. 국가표준제도는 제품과 서비스의 품질을 높이고 국제시장에서의 경쟁력을 강화하며 소비자 보호와 산업 발전을 동시에 도모한다. 표준화는 기술적 호환성을 보장하고 효율성을 높이며 기업 간의 공정한 경쟁을 촉진하는 중요한 역할을 한다.

셋째, 대통령은 과학기술의 혁신과 정보 및 인력 개발을 효과적으로 추진하기 위해 전문가들로 구성된 자문기구를 설치할 수 있다. 이러한 자문기구는 정책 결정 과정에서 전문적이고 실질적인 조언을 제공하여 과학기술 발전 전략을 수립하고 실행하는 데 중요한 역할을 한다. 자문기구는 과학기술 분야의 최신 동향을 반영하고 국가의 과학기술 정책이 현실적이고 효과적으로 구현될 수 있도록 지원한다.

이 같은 헌법 규정은 국가가 과학기술을 중심으로 경제 성장을 이루기 위한 제도적 기반을 마련하고 이를 통해 국민의 삶의 질을 향상시키려는 목표를 담고 있다. 과학기술의 혁신, 정보와 인력의 개발, 국가표준제도의 확립, 그리고 대통령의 자문기구 설치는 모두 국가 경제의 발전과 국민 복지 증진을 위한 필수적인 요소다.

Rewriting

10장

헌법개정

128

제128조

개정제안권

① 헌법개정은 국회재적의원 과반수 또는 대통령의 발의로 제안된다.

② 대통령의 임기연장 또는 중임변경을 위한 헌법개정은 그 헌법개정제안 당시의 대통령에 대하여는 효력이 없다.

헌법을 개정하기 위해서는 일정한 절차를 거쳐야 하며 국회와 대통령이 그 절차의 시작점이 될 수 있다. 구체적으로 말하자면 국회재적의원 과반수가 헌법개정을 제안할 수 있는데, 이는 국회 다수의 동의를 얻어야 한다는 것을 뜻한다. 동시에 대통령도 헌법개정을 발의할 수 있는 권한을 가지고 있다. 이러한 이중 구조는 헌법개정 절차가 충분한 숙고와 논의를 거쳐 이루어지도록 하는 장치이다.

129

제129조

개정안 공고기간

제안된 헌법개정안은 대통령이 20일 이상의 기간 이를 공고하여야 한다.

헌법 개정 과정의 중요한 절차 중 하나로, 국민이 개정안의 내용을 충분히 이해하고 의견을 제시할 수 있는 시간을 제공하기 위해 마련된 것이다. 우선, '공고'라는 용어는 정부나 공공기관이 어떤 내용을 공식적으로 알리는 행위를 의미한다. 대통령이 헌법개정안을 공고한다는 것은 개정안의 내용을 국민에게 널리 알리는 것이다. 이는 언론, 정부 웹사이트, 관보 등을 통해 이루어질 수 있는데, 헌법 개정은 국가의 기본 법질서를 변경하는 중대한 사안이므로 국민이 개정안을 사전에 충분히 숙지하고 이에 대한 논의를 할 수 있는 시간이 필요하다. 최소 20일은 최소한의 기간으로 설정된 것이다.

Rewriting 128

_____

Rewriting 129

130

개정안 의결과 확정 및 공포

① 국회는 헌법개정안이 공고된 날로부터 60일 이내에 의결하여야 하며, 국회의 의결은 재적의원 3분의 2 이상의 찬성을 얻어야 한다.

② 헌법개정안은 국회가 의결한 후 30일 이내에 국민투표에 붙여 국회의원 선거권자 과반수의 투표와 투표자 과반수의 찬성을 얻어야 한다.

③ 헌법개정안이 제2항의 찬성을 얻은 때에는 헌법개정은 확정되며, 대통령은 즉시 이를 공포하여야 한다.

헌법개정안의 국회 의결 절차
① 헌법개정안이 공고된 날로부터 60일 이내에 국회는 이를 의결해야 한다. 여기서 중요한 점은 국회의 의결을 위해 재적의원 3분의 2 이상의 찬성을 얻어야 한다는 것이다. 이는 헌법 개정이 단순한 다수결로 결정될 수 없으며 보다 광범위한 합의를 필요로 한다는 점을 의미한다. 재적의원 3분의 2 이상의 찬성을 요구함으로써 헌법 개정이 신중하고 충분한 논의를 거쳐 이루어지도록 하고 있다.

국민투표 절차
② 헌법개정안은 국회가 의결한 후 30일 이내에 국민투표에 부쳐져야 한다. 이때 국민투표에서 국회의원 선거권자의 과반수가 투표해야 하며 그중 투표자의 과반수가 찬성해야 개정안이 통과된다. 이 절차는 헌법 개정의 최종 승인 권한이 국민에게 있음을 제시한다. 국민투표를 통해 국민의 의사가 직접적으로 반영될 수 있으며, 이는 헌법 개정의 정당성과 민주성을 확보하는 데 중요한 역할을 한다.

헌법개정의 확정 및 공포
③ 헌법개정안이 국민투표에서 찬성을 얻은 때에는 헌법 개정이 확정된다. 이에 따라 대통령은 즉시 이를 공포해야 한다. 여기서 '공포'란 대통령이 헌법 개정의 확정 사실을 공식적으로 알리는 행위를 가리킨다. 공포는 법적 효력을 발생시키기 위한 마지막 절차로, 이를 통해 헌법 개정은 최종적으로 효력을 갖게 된다.

Rewriting

부칙

헌법 제10호, 1987. 10. 29.

001

시행일

이 헌법은 1988년 2월 25일부터 시행한다. 다만, 이 헌법을 시행하기 위하여 필요한 법률의 제정·개정과 이 헌법에 의한 대통령 및 국회의원의 선거 기타 이 헌법 시행에 관한 준비는 이 헌법 시행 전에 할 수 있다.

"이 헌법은 1988년 2월 25일부터 시행한다"는 헌법의 공식적인 효력 발휘 시점을 명확히 규정하고 있다. 헌법의 시행 날짜를 명시함으로써 그 시점부터 모든 법적 절차와 규정이 새로운 헌법에 따라 적용되도록 한다. 그리고 "다만, 이 헌법을 시행하기 위하여 필요한 법률의 제정·개정과 이 헌법에 의한 대통령 및 국회의원의 선거 기타 이 헌법 시행에 관한 준비는 이 헌법 시행 전에 할 수 있다"는 조항은 헌법 시행에 앞서 필요한 준비 작업을 허용하고 있다. 즉, 새로운 헌법이 시행되기 전에도 헌법의 원활한 적용을 위해 필요한 법률의 제정이나 개정, 선거 준비 등을 미리 할 수 있다는 것이다.

002

최초의 대통령 선거일 및 임기

① 이 헌법에 의한 최초의 대통령선거는 이 헌법 시행일 40일 전까지 실시한다.

② 이 헌법에 의한 최초의 대통령의 임기는 이 헌법 시행일로부터 개시한다.

"이 헌법에 의한 최초의 대통령선거는 이 헌법 시행일 40일 전까지 실시한다"는 헌법 시행과 관련하여 최초의 대통령 선거 일정을 명확히 규정하고 있다. 헌법 시행일 이전에 대통령 선거를 치르게 함으로써 새로운 헌법 체제 하에서의 대통령이 헌법 시행과 동시에 임기를 시작할 수 있도록 준비한다. 또한 "이 헌법에 의한 최초의 대통령의 임기는 이 헌법 시행일로부터 개시한다"는 최초로 선출된 대통령의 임기가 언제 시작되는지를 규정한다. 즉, 헌법 시행일과 대통령 임기 시작일을 일치시킴으로써 헌법 시행과 동시에 대통령이 공식적인 직무를 수행할 수 있다는 것이다.

Rewriting　　　　　　　　　　　　　**001**

Rewriting　　　　　　　　　　　　　**002**

003 최초의 국회의원선거 및 의원 임기

① 이 헌법에 의한 최초의 국회의원선거는 이 헌법공포일로부터 6월 이내에 실시하며, 이 헌법에 의하여 선출된 최초의 국회의원의 임기는 국회의원선거후 이 헌법에 의한 국회의 최초의 집회일로부터 개시한다.

② 이 헌법공포 당시의 국회의원의 임기는 제1항에 의한 국회의 최초의 집회일 전일까지로 한다.

1. 선거 일정의 의미
헌법 공포일로부터 6개월 이내에 국회의원 선거를 실시하도록 규정함으로써 헌법 공포 이후 빠른 시일 내에 새로운 국회의 구성을 완료할 수 있도록 한다. 정치적 공백을 최소화하고 새로운 헌법 체제의 조속한 도입을 보장하기 위한 것이다.

2. 임기 개시 시점
최초로 선출된 국회의원의 임기는 국회의 최초 집회일로부터 시작된다. 이는 선거 후 국회의 공식적인 활동 시작을 의미하며 국회의 법적 정당성과 일관성을 부여한다. 국회의 최초 집회일은 새로운 국회의원들이 공식적으로 업무를 시작하는 날로, 헌법 체제의 완전한 발효를 의미한다.

3. 임기 종료의 의미
현직 국회의원들의 임기는 새로운 국회의 첫 집회일 전일까지로 제한된다. 새로운 국회의 구성이 완료되면 현직 국회의원들의 역할이 종료됨을 의미한다. 즉, 새로운 헌법 체제 하에서의 법적 일관성을 유지하고 기존 체제와의 명확한 단절을 통해 새로운 시작을 도모하는 것이다.

4. 원활한 체제 전환
둘째 항목은 헌법 공포 이후 체제 전환 과정에서의 혼란을 방지하고 새로운 헌법 체제 하에서의 국회 구성을 원활하게 진행하기 위한 것이다. 기존 국회의원들의 임기 종료 시점을 명확히 함으로써 새로운 국회의원들이 헌법에 따라 즉시 임무를 수행할 수 있도록 한다.

Rewriting

004 헌법 시행 당시의 공무원 지위

① 이 헌법 시행 당시의 공무원과 정부가 임명한 기업체의 임원은 이 헌법에 의하여 임명된 것으로 본다. 다만, 이 헌법에 의하여 선임방법이나 임명권자가 변경된 공무원과 대법원장 및 감사원장은 이 헌법에 의하여 후임자가 선임될 때까지 그 직무를 행하며, 이 경우 전임자인 공무원의 임기는 후임자가 선임되는 전일까지로 한다.

② 이 헌법 시행 당시의 대법원장과 대법원판사가 아닌 법관은 제1항 단서의 규정에 불구하고 이 헌법에 의하여 임명된 것으로 본다.

③ 이 헌법 중 공무원의 임기 또는 중임제한에 관한 규정은 이 헌법에 의하여 그 공무원이 최초로 선출 또는 임명된 때로부터 적용한다.

첫째, 공무원과 정부 임명 기업체 임원의 지위
헌법 시행 이전에 임명된 공무원과 임원들은 새로운 헌법 체제 하에서도 동일한 지위를 유지하게 된다. 이는 법적, 행정적 연속성을 보장하며, 체제 전환 과정에서의 혼란을 최소화한다. 단, 선임 방법이나 임명권자가 변경된 경우, 후임자가 선임될 때까지 전임자가 직무를 계속 수행하도록 하여 행정의 연속성을 유지하는 것이다.

둘째, 법관의 지위
대법원장과 대법원판사가 아닌 법관들은 예외 없이 새로운 헌법 체제 하에서 임명된 것으로 간주된다. 이는 법관의 독립성과 법적 연속성을 보장하기 위한 조치이다.

셋째, 공무원의 임기와 중임 제한
공무원의 임기와 중임 제한에 관한 규정은 헌법 시행 이후 최초로 선출 또는 임명된 때부터 적용된다. 기존 공무원들에게 소급 적용되지 않음을 명시함으로써 법적 안정성과 일관성을 유지하는 것이다.

Rewriting

005

제5조

헌법 시행 당시의 법령 및 조약

이 헌법 시행 당시의 법령과 조약은 이 헌법에 위배되지 아니하는 한 그 효력을 지속한다.

이 조항은 새로운 헌법 체제 하에서도 기존 법령과 조약의 효력을 인정함으로써 법적 연속성을 보장한다. 이는 법적 안정성을 유지하고 새로운 헌법 시행으로 인한 혼란을 최소화하기 위한 중요한 조치다. 다만 기존 법령과 조약이 계속 유효하려면 새로운 헌법에 위배되지 않아야 한다는 조건이 붙는다. 이는 새로운 헌법이 상위 법규로서의 권위를 가지며 헌법과 상충되는 법령이나 조약은 효력을 상실하게 된다는 의미이다. 따라서 헌법 시행 후에는 모든 법령과 조약이 헌법에 부합하는지 검토해야 하며 위배되는 경우에는 개정하거나 폐지해야 한다.

006

제6조

특별기관에 관한 경과조치

이 헌법 시행 당시에 이 헌법에 의하여 새로 설치될 기관의 권한에 속하는 직무를 행하고 있는 기관은 이 헌법에 의하여 새로운 기관이 설치될 때까지 존속하며 그 직무를 행한다.

새로운 기관이 설립되기 전까지 기존 기관이 계속해서 직무를 수행하도록 함으로써, 행정 공백과 혼란을 방지하고, 행정 서비스의 지속성을 보장한다. 또한 새로운 헌법에 의해 설치될 기관의 권한에 속하는 직무를 기존 기관이 수행하게 함으로써 권한 이양 과정이 원활하게 이루어질 수 있도록 한다. 새로운 기관이 설립되고 그 기관이 완전히 기능을 발휘할 때까지 기존 기관이 역할을 계속 이어야 업무의 연속성과 안정성이 유지될 수 있을 것이다.

Rewriting

_____

_____

_____

_____

_____

_____

_____

Rewriting

_____

_____

_____

_____

_____

_____

_____